우리들의 겨울 아침에

스물두 번째 동인지

우리들의 겨울 아침에

최미정 외

시섬문인협회
SISUM POETS ASSOCIATION

스물두 번째 동인지

우리들의 겨울 아침에

초판 1쇄 발행 2025년 11월 1일

지은이　최미정 외
편집위원　이창호(위원장), 김진원, 최경선, 최영옥, 최정숙
　　　　　(가나다순)
펴낸이　황규상
펴낸곳　도서출판 오래外깸품
등록번호 220-91-26145
주소　　서울특별시 강남구 언주로 332, 108동 602호
　　　　(역삼동, 역삼푸르지오아파트)
전화　　(02)556-8451
전자우편 info@sandandfoam.com

ⓒ 시섬문인협회, 2025

ISBN 979-11-92042-06-0 03810

값 12,000원

발간사

스물두 번째 동인지 《우리들의 겨울 아침에》를 내면서

— 국민 작사가 박건호 시인을 추모하며

시섬문인협회 회장 **최미정**

　박건호 시인은 군사도시이며 문화적 불모지였던 원주에서 태어나 시, 소설, 시나리오 등 모든 장르를 넘나드는 대문호가 되려는 꿈을 키웠습니다. 소년 시절부터 문학 이외의 꿈을 가져본 일이 없었고 문학을 단 하루도 생각지 않은 날이 없었습니다. 그는 작사가의 길을 걸으면서도 시인으로 남기를 원했고, 병고 중에 마지막 남은 생을 삶과 죽음을 무수히 오르내리면서도 흔들림 없이 묵묵히 치열한 시의 행적을 일궈내었습니다.

　우리는 토우 박건호 시인의 시정신을 이어받은 시섬 동인으로, 매년 박건호 시 몇 편을 초대 작품으로 게재하고 시섬 동인들의 창작시를 모아 이를 출판해 왔습니다. 우리 시섬문인협회는 지난해 12월 9일 박건호 타계 17주기를 맞아 한마음으로 추모 시와 글로 마음을 모아 시섬카페에 게재하여 추모하는 뜻깊은 시간을 가졌습니다.

　어려운 7080 시대에 국민에게 위로와 기쁨, 희망과 꿈을 주고 정서를 끌어올려 준 박건호 시인은 세상을 한층 더 밝고 건전한 대중가요, 동요와 가곡으로 우리 마음을 적시며 달래주었던 불멸의 작사가이며, 세상에 빛을 드러낸 시대의 영웅입니다. 그의 시는 음표가 붙여지면 노래가 되어 힘겨운 서민들을 위로하는 힘이 되고, 대중과 호흡하면서 불려지며 전해졌습니다. 주옥같은 가사는 심금을 울립니다.

〈모닥불〉, 〈끝이 없는 길〉, 〈잃어버린 30년〉, 〈단발머리〉, 〈모나리자〉, 〈토요일은 밤이 좋아〉, 〈아! 대한민국〉, 〈슬픈 인연〉, 〈빙글빙글〉, 〈잊혀진 계절〉, 〈그대는 나의 인생〉, 〈어느 소녀의 사랑이야기〉, 〈무정 블루스〉, 〈기다리게 해놓고〉, 〈내 곁에 있어주〉, 〈당신도 울고 있네요〉, 〈서울〉, 〈이 거리를 생각하세요〉, 〈우린 너무 쉽게 헤어졌어요〉 등 3,000여 편을 작사하여 '가요톱10'에서 싱어송라이터를 제외하고 작사가 중에서는 역대 최다 1위 기록(총 50번)이었고, 가요계의 전설 별이 된 토우.

그는 지병으로 생을 마치기 전 마지막으로 시인으로 남기를 원했고, 투병 중에 시를 쓰고 순수시를 지향하는 동인들의 시를 모아 동인 시집을 제1집《블랙커피로 죽이고 싶다》에서부터 제3집《시의 고향 아닌 곳 어디 있으랴》까지 출판하고 타계하자 그와 함께했던 동인들이 뜻을 기리며 박건호 시인 추모시집《타오르는 모닥불 짙어가는 향기여!》를 출판하고, 그를 추모하는 시간을 가졌습니다.

금년은 제22집《우리들의 겨울 아침에》를 출판하게 되었습니다. 박건호 시인이 고등학교 재학하던 시절 도산 안창호 선생의 정신을 계승하는 단체인 흥사단 고등학생 아카데미에서 활동하고 졸업 후에도 후배들을 지도하고 격려하였고 지속적으로 참된 길을 깨우쳐 주었습니다. 이번 스물두 번째 동인지 초대작가 시 중에서 그의 시가 역사를 가늠하면서 우리 민족의 불굴의 혼을 깨우고자 했던 충심이 남아있는 시 〈우리들의 겨울 아침에〉를 제호로 하여 동인 시집을 발간하게 되어 기쁩니다. 초대작가로 함께해주신 한상철 고문과, 회원 작품으로 동행하신 열아홉 명의 회원, 표지 디자인으로 애쓰신 김성운 화백, 그리고 출간을 위해 수고하신 출판사 황규상 대표에게 감사드립니다. 축하의 글과 행사에 참여하신 (사)박건호기념사업회 김종태 이사장과 매년 응원을 보내주시는 이금림 여사에게도 깊은 감사를 드립니다.

2025년 11월 1일

축하의 글

제22집 동인지가
새롭게 발간됨을
진심으로 축하드립니다

(사)박건호기념사업회
이사장 **김종태**

 스물두 번째로 이어진 시섬문인협회 동인지는 단순히 한 권의 책이 아니라, 지난 세월 동안 협회가 지켜온 문학적 열정과 회원들의 헌신이 쌓여 이루어진 값진 결실이라 생각됩니다.
 무엇보다 박건호 선생께서 직접 창간하신 이 전통이 협회 회원님들의 손에서 끊어지지 않고 이어져, 제22집에 이르러 다시 한번 새로운 결실로 빛을 발하게 되신 듯합니다. 이는 곧 문우 여러분의 문학적 헌신과 협회의 굳은 의지가 함께 이어온 성과라고 생각합니다.
 스물두 번째 동인지라는 숫자는 그 자체로 긴 세월과 끈기의 상징입니다. 누적된 발자취는 시섬문인협회의 정체성을 더욱 단단히 하였고, 동시에 박건호 선생의 창작 정신을 오늘에 되살려 이어지는 숨결이 되고 있습니다.
 오늘에 이르기까지 협회를 이끌어주신 역대 회장님들의 헌신에 깊이 경의를 표합니다. 또한 현재 협회를 이끌고 계신 최미정 회장님의 노고에도 진심으로 존경을 드립니다. 아울러 동인지 발간을 위해 힘써주신 문우님들께도 따뜻한 격려와 찬사를 보냅니다. 여러분의 땀방울과 열정이 모여 이처럼 값진 결실을 맺게 되었음을 잘 알고 있습니다.

저희 (사)박건호기념사업회 역시 선생의 뜻을 기리고 후대에 예술혼을 전하고자 노력하는 단체로서, 매년 다양한 사업을 이어가고 있습니다. 올해 6월 개최된 전국 청소년백일장은 역대 최다 응모작을 기록하며 큰 성과를 거두었고, 문학의 가능성을 확인하는 뜻깊은 시간이 되었습니다.

또한 오는 11월에는 원주시민과 함께하는 가요축제를 다시 마련하고 있습니다. 이러한 활동들은 선생님의 예술혼이 오늘의 세대와 미래 세대 속에서 끊임없이 살아 숨 쉬고, 대중의 기억 속에 오래도록 남기를 바라는 마음으로 펼쳐 나가고 있습니다.

시섬문인협회가 22년 동안 동인지를 통해 선생을 기리고 그 뜻을 이어주신 것처럼, 저희 기념사업회도 앞으로도 변함없이 선생의 문학과 예술정신이 후대에 널리 이어질 수 있도록 그 길을 지켜가겠습니다.

다시 한번 제22집 동인지《우리들의 겨울 아침에》발간을 축하드리며, 시섬문인협회의 무궁한 발전과 문우 여러분의 건승을 진심으로 기원합니다.

2025년 11월 1일

차례

발간사
최미정 스물두 번째 동인지《우리들의 겨울 아침에》를 내면서 — 5

축하의 글
김종태 제22집 동인지가 새롭게 발간됨을 진심으로 축하드립니다 — 8

초대작가 작품

박건호 우리들의 겨울 아침에 — 20
침묵 — 21
청 이끼하고 살 테야 — 22
거울 앞에서 — 24
고독은 하나의 사치였다 — 26

한상철 옥녀봉 — 28
진달래 — 29

세상 — 30
질경이 — 31
공자와의 만남 — 32

회원 작품

김진원
사랑초 — 36
금붓꽃 — 37
들꽃 — 38
낙엽의 소리 — 39
꿈꾸는 겨울 산 — 40

위형운
동백꽃 — 42
사랑과 이별 — 43
봄 편지 — 44
칭다오의 하룻밤 — 45
독도의 노래 — 46

최미정
봄맞이 가는 길 — 48
차를 마시고 싶다 — 49
내 안의 별 — 50
가을 풍경 — 51

비단에 수놓은 그림 — 52

이창선

위로의 말 — 54
고드름 — 55
아침을 여는 사람 — 56
변화 — 57
당신이 최고 — 58

안성수

4월은 봄빛으로 물든다 — 60
7월 — 61
가을비 내리는 날에 — 62
겨울 숲 — 63
고독 — 64

김영선

정거장 — 66
사월 — 67
육지 아저씨 — 68
비둘기 — 69
봉숭아 꽃물의 추억 — 70

최경선

폭설 그 이후 — 73
어라 — 74
겨울나기 — 75

숨길 — 76
비로소 봄 — 78

이창호

노랑별 강물 되어 — 80
그 나무의 꿈 — 81
이팝나무 길 — 82
장미 축제, 장미 울다 — 83
들길 — 84

조은숙

낮달 — 86
나도 모를 내 마음 — 87
옥잠화 — 88
바다가 내게 주는 교감 — 89
돌아보는 아픔 — 90

최영옥

치악산 · 14 — 92
미륵산에 올라 — 박경리 선생 묘소 앞에서 — 93
어머니의 숨소리 — 96
남애항 — 98

최정숙

삶이 기도다 — 100
금강(錦江) — 101
꽃신 — 102

비 오는 아침 — 104
어머니 — 106

박희봉
장미 — 109
비의 연가 — 110
가을이 오면 — 111
흔적 — 112
커피 향기 — 113

김백란
민통선 마을 양지리에서 — 115
허수아비 — 119
유월의 하루 — 120

강위덕
가장 가까운 별 — 122
3개월의 병상 일기 — 123
처녀작 — 126

김상경
그리운 섬 선운사 — 128
검은 이브 할머니 — 131
조각 — 134

안준영
숨 — 137

심술 — 138
엄마와 나는 — 139
애타게 기다리는 — 140

한선향

내 살아가는 길 — 143
문향이 머문 옛 기찻길 — 144
숨을 크게 쉰다는 것 — 145
거미 브로치 — 146

김성운

형제의 나라 튀르키예 — 148
추상화를 그리며 — 152

최길호

너 잘되는 것은 못 보겠다 — 157

특별 기고
김진원 박건호, 그는 누구인가? 숨은 이야기 — 162

아름다운 추억 22 — 191

초대작가 작품

박건호 詩
우리들의 겨울 아침에 외 4편

한상철 詩
옥녀봉 외 4편

박건호
朴健浩

프로필

1949년 2월 19일 강원도 원주 출생, 2007년 12월 9일 작고. 아호는 土偶(토우)
시섬문인협회 초대 회장, 한국문인협회 회원, 한국음악저작권협회 회원,
월간 《스토리문학》 주간 등 역임
시집: 《영원의 디딤돌》(성문각, 1969)
　　　《타다가 남은 것들》(다다, 1989)
　　　《물의 언어로 쓴 불의 詩》(다다미디어, 1994)
　　　《추억의 아랫목이 그립다》(사임당, 1996)
　　　《고독은 하나의 사치였다》(박우사, 1996)
　　　《기다림이야 천 년을 간들 어떠랴》(춘광, 1997)
　　　《나비 전설》(토우, 1998), 《모닥불 이후》(토우, 2001)
　　　《유리 상자 안의 신화》(시지시, 2003)
　　　《딸랑딸랑 나귀의 방울소리 위에》(모닥불, 2006)
　　　《그리운 것은 오래전에 떠났다》(한누리미디어, 2007)
가사집: 《그 눈물은 지금도 마르지 않았다》(현대악보출판사, 1985)
　　　　《모닥불》(다다, 1989), 《철새의 편지》(다다, 1989)
　　　　《콩나물에 뿌린 물빛 사랑》(토우, 1999)
에세이집: 《오선지 밖으로 튀어나온 이야기》(술래, 1994)
　　　　　《너와 함께 기뻐하리라》(투병기)(하늘, 1996)
　　　　　《시간의 칼날에 베인 자국》(춘광, 1997)
　　　　　《나는 허수아비》(한누리미디어, 2007)

우리들의 겨울 아침에

  더러는 눈발 속에서,
  더러는 산야의 헐벗은 뼈다귀 안에서… 그리도 인색하던 몇 개의 햇살이 떨어진다. 오랜 인습의 나뭇가지에 매달린 가난을 박차고 조용히 불러 보는 알찬 의미가 씨앗에 담겨 태동하는 이 생명의 아침을, 우리들의 말살된 과거의 묘비에다 제사 지내는 생활의 병정들. 남의 장단에 춤추던 지조 없는 역사의 꽁꽁 언 얼음장을 깨뜨린다. 이제 꿈을 밝혀 들고 미래를 올라가는 돌계단마다 머언 산기슭을 돌아 피부에 부딪히는 매운 바람기.
  그 쌀쌀한 겨울 거리에 생존의 싸움은 시작되고…

침묵

침묵으로
사람을 움직일 수 없을까
말하지 않고 서로의 마음을
헤아릴 수 있다면
사랑은 얼마나 순수한 것이 되어
우리의 가슴을 출렁이게 할 것인가
사랑은 눈으로 마시는 한 잔의 술
최후의 만찬에서
예수님이 건네주는 포도주처럼
그렇게 마실 것
지금 우리가 쓰는 언어는
너무 사치스러워
진실로 침묵이 그리운 시대
우리가 변질시켜 버린 언어들을
그 본래 의미로 되돌려 놓자
눈이나 가슴으로 느껴져 오는 사랑으로
서로를 그리워하자

청 이끼하고 살 테야

해마다
이끼를 긁으러 오는 사람들
기와를 깬다고 증조할머니 역정은
배부른산 정기 노하듯
고요한 대청을 쩌렁쩌렁 울리더니
옛 기와 검게 그을은 가슴으로
단단한 이야기를 새겨두고 그날은 가버렸는가
삐거억 대문을 열고 들어서니
봉당 위에 하이얀 햇볕
서까래 사이를 무겁게 내린 옛집은
기억에 묻혀 말이 없다
사랑방에 무릎 꿇고 글을 읽던 아이들이
지금은 뿔뿔이 어디 가고
뒷숲 신 지핀 서낭나무도
세월의 채찍에 멍들었어라
벌레 먹은 고야나무 앙상한 가지 위에
내 유년은 뛰어노는데
푸른 풀섶마다 촉촉한 이슬이여 이슬이여
원죄를 흐느끼는 배암이 울어
할아버지 땀 흘리고 간 비탈진 뽕나무밭

고지 박힌 채
하늘은 그래도 창창하여라
엄마야 엄마야
오늘같이 고운 내 마음일레
젖줄기 따라
옛날로 거슬러 갈 테야
다시 어린애가 되어
고색창연한 지붕 꼭대기
청 이끼하고 살 테야

거울 앞에서

나로 인하여
빛을 죄다 잃어버리고
쭈글쭈글한 표정뿐이로다.

운명을
엉큼하게 농락하다
병이 되어,

마음속 어디 텅 빈 자리에
악의 씨앗을 심어 놓다.

습습한 그림자를 던지는
나의 앞에서
그리도 멀리 달아나는
당신이여.

거울은
하나의 거짓말도 모르는데
어떤 진실을
나는 또 바램함인가.

몸부림치는
나의 항거를 위해
긴 날을 궁리해 온
거울은,
차라리 눈을 감는다.

고독은 하나의 사치였다

고독은 하나의 사치였다
맨 처음 고독은 내게 다가와
시가 되었다
사람들은 쉽게 고독하다는 말을 했지만
그것은 고독이 아니라
고독이란 의상만을 걸쳤던 것
나는 지구 멸망 이후
폐허의 우주 공간을 홀로 떠도는 방랑자처럼
두려움을 느낀다
이제 고독은 불협화음인가
신경질적으로 다가오는 그 소리를 들으며
나는 집행을 기다리는 사형수처럼 전율한다
고독은 죽음 직전처럼 무서운 것
모든 외부로부터의 단절
… 고립의 시간 …
그리고 강요되는 침묵들이 나를 죽이려 한다
이 순간.

한상철
韓尙澈

프로필

- 원주고, 고려대 법대(법학사), 서울대 행정대학원(행정학 석사), 강원대 대학원(행정학 박사)
- 제10회 행정고시 합격
- 前 상공부 서기관, 대통령 비서실(민정 행정관), 동해 · 삼척 · 속초 · 원주시장, 민선 2기 원주시장 역임(자유민주연합)
- 민주평화통일자문회의 운영위원, 강원도 부의장, 강원도주민자치회 대표회장
- (사)박건호기념사업회 이사장 역임
- 現 원주백운한시회 회장, 시섬문인협회 고문

저서: 《시민행정론: 시민활동의 전개와 행정》
《한시로 노래한 원주팔경》
《논어산책》
《치악은 푸르러라》
《섬강 따라 흐르는 노래》
《섬강구곡의 노래》
《賞梅迎春: 매화를 감상하며 봄을 맞다》
《인문풍류》
《다시 보는 관동팔경: 정자 찾아 시 읊다》 등 다수

옥녀봉

날마다 옥녀봉에 안긴다
옥녀봉이 나를 품는다
비로의 붉은 태양이
방긋 웃으니
명봉산엔 봉황이 울며
날아오르고
백운산엔 백운 일어
학이 밀어 가는구나.

날마다 옥녀봉에 안긴다
옥녀봉이 나를 품는다
그런데
까마귀가 북녘을 난다.

진달래

어제도 못 봤는데
어서 오란다
불그스레 홍조 띄고
사춘기 소녀인가?
누굴 기다리는
수줍음인가
진달래가 웃는다
진달래가 웃는다
산수유도 반기네
정신을 못 차리겠네.

세상

죽는 날까지 하늘을 우러러
한 점 부끄러움이 없으란다

똥개들이 고개 들고 꼬리를 흔들어댄다
똥개들이 고개 들고 꼬리를 흔들어댄다
돼지들이 세상 만났다고 꿀꿀댄다
돼지들이 세상 만났다고 꿀꿀댄다
오늘 밤도 먹구름만 덮었다

별로 가득 찬 하늘이여
별로 가득 찬 하늘이여

질경이

돌덩이 같은 길 한복판에
질경이 더 파아랗구나
밟으면 밟을수록
빳빳하게 힘 솟구치는구나
언제
무엇을 하려는가?

공자와의 만남

어이 이리 늦었나
이제라도 만난 것은 천운이다
내 삶을 막 흔들어 깨운다
절망의 구렁텅이에서 나와
방황을 훌훌 털고
어서 일어나 새 길을 가라 한다.

꽃의 세계가 열리는구나
그의 뜻을 따라 스스로를 깨우며
시를 쓰고 읊는다
흥겨워 노래도 부른다
기타도 배우고, 하모니카도 불고
《논어산책》도 내고
《논어》 강의도 한다
바로 사무사(思無邪)다
여생은 예술에 노닐며 자유인이 되련다.

너무너무 좋다
순간마다 즐겁다
미네르바의 부엉이가 되어 날아오른다.

회원 작품

詩

김진원 위형윤 최미정 이창선
안성수 김영선 최경선 이창호
조은숙 최영옥 최정숙 박희봉
김백란 강위덕 김상경 안준영
한선향

隨筆

김성운 최길호

김진원
金鎭元

프로필

아호: 曙山(일산)
월간《모던포엠》신인상 수상, 등단(2005)
월간 모던포엠 이사, 세계모던포엠 작가, 한국문학예술 이사, 재림문인협회 회원, 前 시섬문인협회 회장(3대, 7대), 박건호문학상 운영위원장, 現 시섬문인협회 명예회장
수상: 대학생백일장 최우수상, 재림문학상, 월간 모던포엠 신인상, 제5회 모던포엠문학상 금상, CJ문학상, 시조사 100주년기념문학상, 박건호문학상, 교육부장관상
시집:《당신》,《그리움 25시》,《물방울에 담긴 얼굴》,《당신이 내게 준 선물》
공저:《새벽, 희망의 빛》,《韓·美·日·中 4개 국어가 만나는 2009 앤솔러지》,《동인 사화집/시와 에세이 2》,《시와 조각의 만남전》,《詩와 별 그리고 영월/2007 대한민국시인대회 작품집》
동인지: 박건호 추모시집《타오르는 모닥불, 짙어가는 향기여!》외 다수
이메일: steward3jinwon@hanmail.net

사랑초 외 4편

가슴에 오래 남는
그대의 눈빛
아침보다 찬란한 아픔으로
피어나는 이슬꽃

너는 항시 웃는다
한줄기 햇살도 만족하게
그늘의 변두리에서도
활짝 웃는다

저마다 스스로를 향해 걷는 밤길
호젓한 길목에서도
환하게 불 밝혀
피어나는 초롱꽃

사랑꽃은 심장이 있다지
두근두근
가슴이 마구 뛴다
오로지 그 사랑 하나를 위해.

금붓꽃

빛깔 고운 꽃잎마다
빗어 올리는 금발머리 감아 곱게 빗고
즈믄 세모시 적삼 아슴아슴 트여 오는
새벽을 떨치어 가른 이쁜 얼굴
당신은 금붓꽃
그대가 눈뜨고
하루를 마감하는 시간

사랑이라는 이름
화선지에 써내려 선연히 피어나는
황금빛 사연
아무도 모르게 다독이며
혼자서 웃어 보는
이쁜 얼굴

들꽃

어두움 홀로 지새운
아침이슬에 속살까지 투명하게 젖어
방긋 웃더이다

부끄러운가 보다
까르르
웃어대는 풀 이파리 곁에서
어찌할 바 몰라
수줍게 흔들리더이다

밤새 두리번두리번
그대 찾다가
아침을 열면 풀잎에 맺혀
그대 향기에 젖어 울더이다.

낙엽의 소리

엄마 명주실 마냥
파르르 떨어지는
저 낙엽의 소리가
울 엄마 고름 푸는 소리

바람이 불 때면,
흩날려 부서지는
저 치맛소리
그저 마음에 담아야 하오.

꿈꾸는 겨울 산

봄을 꿈꾸는 눈 덮인 산
부활의 신을 불러
생명을 그리는 겨울 화백
산 위에 태양을 그려내면
더욱 하얗게 빛나는 세마포가
고즈넉이 사랑의 음률로
빛의 날개를 편다
미지의 세계를 향하여
그리움의 '야호'를 불러
벌써부터 고향의 봄을 찾아가는
왈츠의 노래가 메아리친다
백설의 골짜기를 걸어가고
서릿발 눈 속에 부는 바람을 타고 간다
떠는 나뭇가지 사이로 깃발 흩날리면서도 간다
희망의 만나로 배불리는 겨울 동산
천사처럼 깨끗한 영혼을 불러 모으는 기운
성숙한 여인이 하얀 외투를 걸쳐 입고
날듯이 뛰어가는 겨울 산
그 사랑도 깊어만 가는 산.

위형윤
魏炯允

프로필

아호: 厚谷(후곡), 국방일보(구 전우신문) 신춘문예(1973), 《공무원문학》 수필·시 신인상, 안양대학교 명예교수, 독일 튀빙겐대학교 Ph.D.(히브리문학), (사)한국문인협회 회원, (사)한국시인협회 회원, 시섬문인협회 이사, 착각의 시학 회원, 한국공무원문인협회 회장, (사)광명문인협회 감사 등
수상: 대한민국교육문학 대상, 공무원문학상, 한국창작문학 대상
시집:《기도로 쓴 시편》,《나는 늘 집으로 간다》등
이메일: hywuy@hanmail.net

동백꽃 외 4편

한겨울 추위 속에서도
뜨겁게 피어난 빨간 꽃 동백
눈보라 스며든 가지 끝에
붉은 심장 하나 가지고 태어났다

봄이 오기도 전에
조용히 피고 조용히 지는 꽃
한 떨기 떨어져도
노란 수술 그대로 감싸안고
붉게 가지가지에 피어난 꽃

찬바람 부는 살얼음 속에서도
진한 뜨거움을 줄 수 있다면
우리는 얼마나 더 단단히
나 자신을 지킬 수 있을까

사랑과 이별

한때 너는 나의 봄이었고
햇살처럼 스며들던 미소였지
너의 눈빛에 나의 하루가 피어나고
너의 손길에 밤이 노래하던 날들

멀리 사랑은 꽃처럼 시들고
바람처럼 멀어져 가더이다
아무리 손을 뻗어도 닿지 않는
그리움만이 긴 그림자를 드리우네

이별은 몰래 스며들며
처음부터 없던 것처럼
너의 이름을 부르면
내 가슴이 부르르 떨려온다

아직도 사랑은 남아 있고
이별의 충격은 사라지지 않는다

우리들의 멋진 시간들이
오늘도 내 안에 흐르고 있으니까

봄 편지

살랑이며 바람이 부니
너의 안부가 실려 오는 듯한데
매화 향기 한 자락 묻어
따스한 햇살로 적어낸 글씨
꽃잎처럼 가만히 내려앉는다

그리움은 연둣빛 잎새로 돋아나고
기다림은 벚꽃길로 피어나는데
너의 손 편지는 꽃잎 묻어
향기와 함께 풍겨 오는구나
새겨도 새겨도 백지
지우고 지워도 빽빽한 글씨

너에게 가는 길마다
꽃 글씨 새겨나고
향기 묻어나 글 향기 진하구나
오신다는 손 편지 기다리는데
봄이 먼저 다녀갔구나

칭다오의 하룻밤

고요한 바람이 바다를 쓰다듬고
등불 아래 골목 낮은 숨소리
잔잔한 파도 달빛이 흔들리면
기억처럼 퍼지는 물비린내

좁은 골목 오래된 찻집 창가에
낡은 의자 하나에 의지하고
낯선 이방인의 웃음 섞인 차 한 잔
깊어가는 밤을 깨운다

항구엔 느릿한 배 한 척
출항을 앞둔 낮은 슬픈 기적소리
어디론가 떠나는 사람들
어디에도 머물지 못하는 마음들

달빛 아래 찰랑이는 꿈처럼
기억과 이별이 교차하는 곳
칭다오(靑島)의 하룻밤은 지나간다

독도의 노래

파도와 함께 살아온 바위섬
동해의 푸른 별 물 위에 떠있고
거센 바람 맞서며
천년을 지켜온 검은 돌섬

갈매기 날개가 바위를 품으며
아침해는 찬란하고
밤하늘에는 별빛만이 찬란한데
우리의 숨결은 파도를 타고 흐른다

기억하리라
푸른 물결이 속삭이는
과거 이야기 지켜가리라
그대가 우리 곁에 있고
우리는 그대 곁에 있어

독도는 파도를 지키고
싸우다 지친다 해도
동해 바람 불어
거센 폭풍을 멀리 쫓아내리라

최미정
崔美貞

프로필

아호: 小姬(소희)
《대한민국詩書文學》동시 부문 대상, 등단(2009)
서정문학 아동문학작가 · 시서문학 동시작가 회장, 한국예술문학총연합회 부회장, 시와수상문학 이사, 현 시섬문인협회 회장, 현 박건호문학상 운영 위원장, 전 극동방송 아나운서
시인의세상문학 · 예망성문학 · 서정문학 초대작가
수상: 대한민국시서문학상, 시와글사랑 문학상, 시와수상 문학상, 박건호문학상 전국 백일장 동시부문 금상(1978)
저서:《빈 가지에 이는 저 바람소리》,《별땅이의 겨자씨앗과 만나》,《소희는 생각쟁이》
시낭송 CD 출품작: '내 어머니' 외 다수
동인지: 시섬 동인지 제7집《모자이크》~제21집《내 나이는 아직 스물하나 》
공저:《황금찬 상수연 100인 송수집》외 다수
이메일: cmj2781@daum.net

봄맞이 가는 길 외 4편

긴 겨울 모진 바람
조각조각
부서진 서러움
봄의 여신 눈뜨는 아침

보리 싹 푸른 이파리
수정알 알알이 맺혀
설익은 햇살이
무지갯빛 그리네.

실개천 버드나무
흐르는 물에 거문고 타고
매화꽃 피는
연분홍빛 바람이
여인네 치맛자락을 붙드네.

차를 마시고 싶다

찬바람이 스미는 날
따뜻한 미소를 가진
사람과 마주 앉아
꽃 차를 마시고 싶다

꽃잎처럼
싱그럽고
예쁘게 벙그리며
담소를 나누고 싶다

차 향기처럼
그윽한 내음
빛깔처럼 고운
포근한 말씨

창가에 내려앉은
햇살처럼
포근한 마음이면
더없이 좋겠다

내 안의 별

세깜장 콩알처럼 검은
그대의 눈동자를 보았다

별빛이 반짝이듯이
그대 두 눈이 초롱초롱
별빛같이 빛났다

그믐밤
내게로 달려오던 별
내 안에 뜨는 별이 있었다

세상 어디에도 없는
고운 별이다

가을 풍경

파란 하늘
하얀 뭉게구름 꽃피는 날
오렌지빛 바람 타고
휘파람 불며
해바라기 웃음으로 다가온 가을

솔솔바람에 눈웃음치며
생글생글
방끗방끗
인꽃 향기가 은은하게
내 가슴으로 스며든다

툇마루에 걸터 놓은
해님도 이보다 예쁠까

아가의 눈웃음
어여뻐라
어여뻐라

최미정

비단에 수놓은 그림

아기자기한 그녀의 손길
한 땀 한 땀 정성 담긴
바느질 솜씨
고운 미소 띤 그녀의 얼굴

행복한 손길로
수놓아 담긴 사랑
손가락 바늘밥 먹으며
자수에 그림 수놓아

고급스럽고
멋스럽고
앙증맞은
작품들 감상하며

행복한 그녀의 미소를
나 홀로 그려본다.

이창선
李昌善

프로필

아호: 魅峰(매봉)
2006년 서라벌문예 신인상 수상
(사)한국문인협회 회원
서라벌문인협회 고문
서초문인협회 이사
시섬문인협회 이사
2022년 서초문학상 수상
2013년 대한민국 보국훈장 '광복장' 수훈
시집:《3050 아름다운 이야기》,《세월歲月》
공저 시집: 시섬 동인지 제18~21집,《문학서초》외 다수
이메일: lcs0444@hanmail.net

위로의 말 외 4편

언제 어디서나 사람을 만날 때
위로의 말은 사랑으로 조용히 스며들어

화려하지 않은 순수한 표현으로
서로의 마음으로 이어져
그리움의 안식처가 된다

힘이 들 때마다
밀려오는 위안의 등불이다

아름다운 삶의 층계에서
살아있는 날까지

사랑에 지치지 않는
특효약 되어 주는 위로의 말이다.

고드름

당신을 알고부터
아이스케키 맛을 알았다

간밤에 내린 눈
햇살을 받고 낙숫물이 되어
추위에 떠밀려 변신한 고드름

울퉁불퉁
대롱대롱 개성을 뽐낸다

그 누가 말했다
영상과 영하의 기온이 어우러질 때
완성되는 고드름

당신을 쪽쪽 빨아 먹고
환한 미소 짓던
어린 시절의 추억을 되돌아본다.

아침을 여는 사람

여명과 함께 기지개를 펼친다
아침을 여는 사람 대열에 합류한다

허겁지겁 지하철에 올라 탄다
인파 사이 헤집을 여유도 없이
여기저기 부딪쳐 온다

선반 위에 가방 올리고
좁은 공간에 나의 둥지 확보한다

사람들의 모습 살펴볼까?
휴대폰에 집중한 사람들
눈감고 명상에 빠진 그대

지하철에서 내 몸은 파김치인 듯
그래도 사무실을 향하여 갈 수 있어 행복하다
한숨 크게 몰아 내쉬고 지하철에서 하차한다.

변화

계절 변화에 순응하고 싶다
겨울과 교대하는 봄
출근길 열차 안에서 체감한다

두툼했던 외투의 변화
가벼워진 옷차림 인파들
마스크 벗고 빨간 립스틱의 여성들
가슴으로 파고든 상쾌한 봄기운

주변의 변화에
덩달아 행복하여라

출근길 열차 내 인파의 혼잡도 변화는
언제쯤 해소되려나 소리쳐 본다
당신의 변화는 무죄로다.

당신이 최고

애타도록 기다렸던 당신
24절기 숨결 머금고
온 대지 소복하게 적셔 주었다

당신에게
찬사와 응원의 박수를 보낸다

가을 결실 거두고
홀로 남은 벼 벤 자국
흠뻑 적셔 주어 활기 넘친다

바로
당신이 최고로다.

안성수
安聖洙

프로필

아호: 一竹(일죽)
한국공무원문인협회 편집주간, 시섬문인협회 이사, 한국문인협회 안양지부 이사, 한국수필가협회 회원, 국제문화예술협회 회원, 이야기가 있는 문학풍경 회원, 열린문학 국제문학회 회원, 체인지 아트그룹 회원, 저공회(箸公會) 회원, 맥파문학작가회 회원, 한국디카시인협회 회원, 의맥회 고문
수상: 국민카드(주) 사이버문학상(수필)(2002), 한국공무원 문학 수필 신인상(2003), 제10회 황금마패문학상 수필부문 금상(2003), 제10회 열린문학 본상(2004), 제14회 황희문화예술상 시 부문 신인상(2004), 국제문화예술협회 스페인대사상(2004), 자랑스러운 서울시민 600인 협회상(대민 봉사) (2006), 대한불교조계종 총무원장상(2007), 한국불교 교화복지선도회 자비교화상(2008), 제41회 전국교정작품전시회 사진부문 입상(2012), 제25회 한국효도회 효행상(2013), 법무부장관상(1984. 2013), 옥조근정훈장 -대통령(2016), 제15회 한국공무원문학상(2019), 제22회 대한민국환경문학상 대상(2024), 제8회 박건호문학상(2025)
수필집:《추억이라는 페달을 밟으며》(2004),《사색의 창가에서》(공저, 2004)
시집:《마음의 정원》(2009),《마음의 풍경》(2016),《꽃은 향기로 말한다》(2025)
공저 시집:《무지개 사냥》(2018),《오직 한 사람》(2019),《우리가 더딘 발걸음으로 걸어가는 것은》(2020),《배부른산》(2022),《모닥불은 아직도 타오르는가》(2023),《내 나이는 아직 스물하나》(2024)
소설:《하산(下山)》(2003)
이메일: ajeaseass@hanmail.net

4월은 봄빛으로 물든다 외 4편

명주바람 간지럼에
함박꽃 웃음보 터지고
시골 소녀처럼 진달래꽃은
수줍게 분홍 웃음 짓는
싱그럽고 아름다운 봄날

작은 선율에도 울컥하며
빈 가슴 울리던
첫사랑의 숨결은 일렁이고
애잔한 초록 향기로
하늘은 봄빛으로 물든다.

맑은 이슬로 피어난 꽃들은
수채화로 물들인 산야처럼
잘 어우러진 아름다운 세상
꽃잎으로 벙그는 4월엔
나의 영혼도 기지개를 켠다.

7월

7월의 뜨거운 햇살 속에서
매미들의 합창 소리와
동박새 날갯짓 멋진 선율에
들꽃 향기 은은하게 퍼지는
산들엔 초록빛 연서가 된다.

저 여린 풀꽃을 보노라면
접힌 마음 한 자락조차
바람에 흔들리면서
초록으로 스며드는 녹음에
사랑도 그리움도 깊어지고

파란 향기 싱그러움 같은
산수국 향기 가슴에 안고서
마음 빗장 스르르 풀면
7월은 온통 행복의 파도로
내 가슴 가득 출렁인다.

안성수

가을비 내리는 날에

그대와 손잡고 거닐던
코스모스 핀 언덕길에
단풍으로 물든 이야기들로
가을비는 외로움을 깨우고
그리움 더욱 선명합니다.

철새는 남녘으로 날아가고
반짝이는 은사시나무 잎새
말없이 뚝뚝 떨어지듯이
그대 생각을 켜 놓은 채
그리움의 물결 흔들립니다.

갈대숲 언저리에 서서
빈 들녘의 맑은 바람 같은
고운 별 하나 가슴에 품고서
촉촉이 내리는 가을비 맞으며
그리움은 깊어만 갑니다.

겨울 숲

속살 파고드는 칼바람에
앙상한 가지만 남기고
외롭게 쓸쓸히 서 있구나.

해거름 속에 길고 외로운 밤을
숙명처럼 여기며
삭풍에 몸을 떠는 겨울 나목

사락사락 흰 눈이 내리는 날에는
눈마다 촉을 곤두세우고
불면과 싸우던 겨울나무들

차가운 겨울빛 자욱이 내리면
정갈함으로 바람에 씻기우고
겨울 숲은 저 홀로 정정하다

어둠에 침몰하는 겨울나무처럼
버거운 생의 한 모서리에 서서
나의 영혼은 겨울나무가 된다.

고독

나 홀로 있는 시간 속에
삶의 깊이와 무게를
가늠할 수 없도록
잔인한 고독이
스멀스멀 내 안으로 들어와
내 마음을 힘들게 하는구나.

밤이 깊어질수록 하얀 고독으로
신음하는 내 마른 영혼
얼마나 더 외로워져야
여윈 가슴팍을 파고드는
고독을 이겨낼 수 있으며
내 고독의 순도는 몇 도일까?

블랙홀보다
더 캄캄한 곳에서
처참하게 고독해 본
사람만이 안다
삶이란 외로움 그 자체이고
사람은 누구나 외딴섬이 된다는 걸.

김영선
金榮善

프로필

서울 출생
《문예사조》〈시를 몸짓으로〉 신인상 등단(2010)
중앙대학교 예술대학원 문예창작 전문가 과정 수료
한국문인협회 회원, 세계시문학회 회원, 서울시인협회 회원. 시섬문인협회 감사
(사)한국어울림음악협회 동대문구 지부장
현 나눔 뮤직홀 대표원장
수상: 세계시문학상 본상
시집:《취한 말들을 위한 시간》
동인지:《당신의 영토》,《뤼브롱 연가》,《당신이 준 연예의 맛》,《맛있는 시집》
　　　외 앤솔로지 다수 공저
이메일: yskim6310@naver.com

정거장 외 4편

정류장엔 언제나 그렇듯
떠나가고 싶은 이들이 모이지
어디서 왔는지 어디를 가는지
누구도 궁금해하지 않아
그저 각자의 목적지를 향해 갈 뿐
가다가 지치면 다시 돌아올 것을 소망하며
부적 같은 휴대폰을 공손하게 모시고
무사히 다녀오길 간절히 기도하지

잠시 후 도착하는 버스는 찬란한 행복동 행입니다
지친 고독과 외로움은 버리고 행복하실 분만 탑승하세요

사월

지독한 고독과 칼바람 추위도
핏빛 꽃을 피워 내며
너의 봄에 악수하고
저마다 짙은 향기로 꿈을 꾸듯
추억을 만들지
목숨 줄이 몇 개라고
쉽게 나불대던 꽃잎이
하늘을 향해 날다가 날아가다 결국엔
여왕의 단두대 앞에 깔리며
핏빛 그림을 그리는
화사하고 화려해서 더, 더 잔인한

자애로운 여왕님

육지 아저씨

어릴 적 할머니 댁에 머슴을 살던 육지 아저씨의 고향은 그리운 남쪽나라 십자성이 빛나는 아름다운 섬 슬도라고 하였다. "사내로 태어났싱게 뭍으로 나아가야지라" 아저씨 아버님의 큰 뜻을 담아 지어진 이름 '육지' 청년 육지가 뭍으로 나와 뻥튀기 장수로 고물 엿장수로 가위장단에 맞추어 전국 팔도를 누비다 할머니 댁에 정착한 것은 앞니가 두 개나 빠져 나가고 시원하게 드러낸 이마에 갈매기가 날아들고 호수처럼 깊게 패인 두 눈 언저리 한가득 구겨진 주름을 달고서였다. 한량이시던 할아버지를 대신해서 논농사며 밭농사를 할머니와 더불어 사계절 쉴 사이 없이 해 내시던 육지 아저씨의 팔뚝엔 화살이 꽂힌 오리 알이 굴러다녔다. 해가 질 때에 주황색 물감이 잘 익은 홍시같이 금방이라도 뚝뚝 떨어질 것만 같은데 아저씨는 장작을 패던 도끼질을 멈추고 해바라기처럼 하늘을 본다. 그리운 남쪽나라 십자성이 빛나는 슬도에 두고 온 청춘을 해바라기하듯⋯ 구겨진 눈가에 맑은 진주가 흘러내려 빛이 났다.

그날 잔망스러운 주인집 손녀딸은 장독대 뒤에 숨어 석양에 날아가는 갈매기를 보았다.

비둘기

81

김영선 69

봉숭아 꽃물의 추억

봉숭아 꽃물 손톱에 물들이고
기억 속에 가지런히 정돈된 사물함 속에서
위에서 두 번째 칸 세 번째 서랍을 살며시 열어 봅니다
보석처럼 빛이 나고 이슬처럼 영롱한
그 시절의 당신이
해맑은 웃음으로 고개를 내밀며 악수를 청하고
푸르고 싱그러운 청춘의 강으로 건너갈 때에
물수제비 두서너 번 강물에 동동 띄워 놓고
개구리 합창단 나를 위해 공연을 하는
모닥불 피어나는 강변 가
쏟아지던 별들 바라보며
모래사장 한가득 지키지도 못할 맹세를 써내려가
그날의 공개 일기장이 되었던 날
화사한 웃음소리 청량하게 메아리로 들려오면
모닥불이 휘청거리며 박장대소로 화답해주는
봉숭아 꽃물 손톱에 물들이고 당신과 함께했던
소중한 사물함 속 어여쁜 기억
이제 다시 추억 속으로 되돌리며
가슴으로 한번 꼬옥 안아 줍니다
진정 그립고 돌아가고픈 지난 세월이여

다시 내가 추억할 그날을 기약하며
아름다운 작별을 고하고
오늘은 이만 곱게 접어 서랍 속으로 돌려보냅니다
다시 만날 그때까지
안녕

최경선
崔京善

프로필

여수시 거문도 출생
《문예사조》 등단(2004)
시집:《어찌 이리 푸르른가》(2007)
   《그 섬을 떠나왔다》(2020)
제5회 박건호문학상 수상
시섬 동인지: 제5집《도자기의 노래》~제21집《내 나이는 아직 스물하나》
이메일: cksun1008@naver.com

폭설 그 이후 외 4편

첫눈이 폭설로 바뀌자 소가지 없이 납신거리던 바람
팔백 년 살아온 노거수 앞에 칼바람 들이댑니다

강강하던 나무 하얗게 질리고
혹한을 견뎌 보자고 있는 힘껏 더뎅이 털어내고
곁가지 모질게 끊어냅니다

폭설 그치자 남은 잎 고조곤히 떨궈내는 건
추위를 이겨내고자 벼리는 그만의 방법일지 모릅니다

그가 떨군 잎
더러는 울타리 넘어 소래산 능선으로 흩날렸고
더러는 관모산 넘어 날아올랐습니다

첫눈으로 한나절 설레고 폭설로 소란한 며칠 지났습니다

아무런 일도 없었다는 듯
장수동 은행나무는 묵묵히 서 있습니다

어라

점점이 떠 있던 개구리밥
우르르 끌어당기며 모여든다

올챙이 시절 잊은 채
날벌레와 치어만 찾는 놈
네가래 잎 타오른 놈
물풀에 숨어든 놈
따로이 있다가도
비 올라치면 비만 올라치면
꾸르꾸르르 개굴개굴
꾸르꾸르르 개굴개굴
떠들썩하게 요란 떨던 놈들
침묵할 때를 아는 듯 조용하다

머흘머흘 흐르는 구름
심상치 않다

겨울나기

밤새 내린 눈보라에도 든든하게 서 있다

어느 쪽으로도 기울지 않고 곧게 서 있는 태산 같은 나무

해 떠오르자 살얼음판으로 뒤덮인 길 한복판까지
제 몸을 서서히 펼쳐놓는다

겨울눈으로 단단히 감싸 안은 잎눈 가지마다 달고
장수동 은행나무가 꿈틀거린다

오래된 그 나무 아래 작은 광대나물도
마디마디 잎 달고 꽃대 세우며, 겨울 햇발에 몸부림 중이다

숨길

하염없이 사라지고 싶은 날
바다에 왔다

파도가 모래벌판 갈아엎으며
수평선까지 달릴 기세로 멀어지고 있다

하고많은 날 중
하필이면 한사리 여덟아홉 물 때

더는 물러설 곳 없어
바다를 향해 달린다

사각사각 밟히는 것들

와스스, 자글거리는
모래였다가 모래 알갱이였다가
발버둥치며 내달리는 칠게

여 보라는 듯 살아내겠다고
모래 알갱이 퍼 올리며

칠게가 꼬물꼬물 숨길을 트고 있다

노을 지고 갯새 날아오르는
눈물 괸 시간
그만, 털썩 주저앉고 말았다

비로소 봄

폭설이 내려도 겨울이라 그러려니 했다

살아가느라 어느 날과 다름없이, 다 지나간다고
시간 지나면 좋아진다 다독이며 장수동 은행나무 돌아보는데

눈 녹아내리자 바람 따라 우르르 몰리고 우르를 휩쓸리는 잎
아래, 서로에게 곁을 내주는 토끼풀, 날마다 자리를 넓히며 무리
를 이룬다
밤이면 잎자루까지 하얗게 서리고, 낮이면 녹아내리길 반복하
는 긴 겨울, 서로의 어깨 기댄 채 조릿하게 지새운 몇 날 며칠

눈석임물에 슬픔, 닿을 듯 말 듯

겨울나도록
아스라이 살아내는 풀을 지켜보면서, 차마 내뱉지 못한 말
광화문 사거리 수백수천 깃발 사이에 펄럭이고 있다

우리나라 정상 영업합니다

아침 햇살에 녹아내린 눈석잇길 따라 토끼풀, 파랗게 일어난다

이창호
李昌鎬

프로필

아호: 好山(호산). 전북 정읍 출생
1971년 전주고 졸업
1975년 서울사대 졸업
2007년《시와 시학》으로 등단
2009년 첫 시집《세상에서 가장 빛나는 거울》출간
2022년 제2 시집《6호선 갈아타는 곳》출간
《시와 시학》과 시섬문인협회에서 동인 활동
2018년 삼육대 교수 퇴임. 화초와 텃밭 가꾸기 취미
이메일: lch8459@syu.ac.kr

노랑별 강물 되어 외 4편

먼 하늘가에서 쏟아져 내린
노랑별 무리

언덕에 강물 되어
넘실거린다

누구의 조화인가
뉘 손끝 재주런가

〈흰옷입은사람들〉 얼굴얼굴
눈물이 어린다

그 나무의 꿈

나는
오직 이 한때를 위해 태어났나니

온 세상 환하게 환하게 밝히고
웡웡 꿀벌 모으고
춘향이 이 도령이 나를 우러르고
내 무엇을 더 부러워할 것 있으랴

이 순간
시간을 잊고
눈물조차 다 잊고

여름날 폭우에 젖고
긴 겨울 그 호된 외로운 꿈이
다 이때를 바람이 아니런가

이팝나무 길

푸른 잎새 위
함박눈 하얗게 쌓였다
두물머리 공원이
때아닌 오월 설국(雪國)이 되다
국경의 긴 터널을 지나
눈 덮인 나카타현이 펼쳐지듯

빛나는 햇살에
더욱 희고 싱싱한 쌀알더미
초록빛 물결 위에
어린애들 함박웃음 얼굴
저 넉넉한 이밥으로
굶주린 사람들 함빡 배부르다

장미 축제, 장미 울다

싱그러울 때는
내 벨벳 꽃얼굴에
뺨 부비고
향기에 취하여
친구까지 불러와
요란스레 사진 찍더니만

한번 봤다고 그게 그거라고
좀 시들었다고
발걸음 끊었으니
그가 처음 내게 온 것은
홍안(紅顔)만을 탐내었기 때문이던가

오, 그가 들여다보지 못한
금빛 빛나는
한 조각 붉은 마음

아무도 가까이하지 않는
그 시간
꽃잎 눈물처럼 떨군다

들길

들꽃 어우러진
들길 지날 때면

길 양편에
접시꽃이 기립박수하고
노랑꽃 흰 꽃 보라꽃 환호하고
작은 메꽃 고개 내밀고

즐거운 마음
우리 둘은
웨딩마치를 한다

혼례합창이 귓전에 울리고
엘자 공주가 백조기사(白鳥騎士)를 만난 듯*
사소한 다툼이나 고난일랑 다 제쳐두고
푸른 하늘 향해
힘차게 당당히 걸음을 뗀다

---

* 엘자와 백조기사: 와그너의 오페라 〈로엔그린〉에 나오는 장면. 유명한 혼례합창은 그때 불려진다.

조은숙
趙恩淑

프로필

아호: 다솜
계간《스토리문학》시 부문 등단
교육학 박사
시섬문인협회 이사
한국스토리문인협회 회원
동인지:《섬은 물소리를 듣지 않는다》등 다수
이메일: cloudsook@hanmail.net

낮달 외 4편

나를 향한 그리움
거두지 못하고
타는 햇빛 아래
찬란한 빛 감추며
버티고 떠있나 보다

아니야, 잘못 본 것일 게야
엊저녁 아쉬움에
미처 보내지 못하고
가두어 둔 그림자
내 눈에 박혀 버린
사랑하는 이의 형상인 게였어

나도 모를 내 마음

손 전화를 만지작거리고 있습니다
어느새 번호를 누르고
벨은 나를 떠나 울어대고 있는데
알 수 없는 두려움이 가슴을 치고
잘못을 저지른 것도
잘한 짓도 없는데
무엇 때문에 내 안에 나는
두 방망이질을 하는지 모릅니다
벨 소리를 울려 보내고
영영 받지 않기를 기도하며
그가 받으면 무슨 말을 해야 하나 생각해보니
딱히 할 말도 없다는 걸 알기에
떨림으로 망설임으로 거듭 울어만 대는 발신음
다행이야 한숨지으며
떠나보낸 벨을 거둡니다

옥잠화

유년에 장독대 밝히던 옥잠화는
아장걸음의 나에게 두 눈 마주하며
여린 단풍잎 같던 손 맞잡던 친구래
사춘기 시절 보름달 밝은 뒤안길
고양이 걸음 옮길 때도
처녀의 설레는 가슴처럼
부풀어 오른 터질 듯한 꽃봉오리
굳게 잎 다물어 나를 배웅해 주었지
나의 어머니와 어머니의 어머니도
한마음 주고받아
어머니의 땀 배인 치마폭 닮아
지금은 모두 떠난 자리
된장 고추장처럼 내 안에 살아
고향길 정겹게 피워 주는 옥잠화

바다가 내게 주는 교감

바다는 나와의 교감을 토해내는 센서가 있다
봄빛 밝은 날 설레는 가슴 안고 찾아가면
상큼한 레몬 향 같은 왈츠가 울리고
푸른 바다 그늘 드리우는 울창한 여름
정열의 탱고로 작열하는 청춘을 불사른다
처서가 지나 하늘이 높이 달아나 버린 가을
외로움이 전신을 엄습하면
사랑의 세레나데를 부르고.
추운 날 그 겨울바다엔
눈꽃 위에 따사로운 햇살 드리워
감미롭고 고요한 발라드가 울려 퍼지곤 해
삼백육십오일 두 손 벌려 반겨 주는 바다
각색의 음악으로 나의 기쁨도 번뇌도
아픔 슬픔까지도
서로 나누는 내 영육의 치료사

돌아보는 아픔

학교 앞 구멍가게에 줄지어 서있는 악동들
내 눈을 붙잡고 매달린다.
한 아름 안고 있는 사탕 뭉치 앞에
침을 꼬르륵 삼키며 눈빛만 맞추는 저 어린것

아들의 어린 시절, 그 모습이었겠구나
교과서 같은 생각으로 세상을 가두던 사람
나 말고 또 있는가 보다
손에 돈 쥐면 불량아 되기라도 하는가
용돈 한번 제대로 주지 못하고
인스턴트식품 먹으면 병이라도 나는 양
유별을 떨었지

그 시간들은 지나
아쉬움만 남기고
저 아이 눈에 박힌 연민이
고통의 가시에 찔리는 것을
오늘에서야 알게 돼
이제서야 돌아보는 아픔

최영옥
崔英玉

프로필

아호: 白鹿(백록). 서울 출생
시인, 아동문학가, 시공연예술인
《강원문학》시 당선, 《강원아동문학》동시 당선
토지문화재단 문화기획자 심화과정 수료
2020년 강원문화재단 전문예술 창작지원금 수혜
2022년 대한민국 독서대전 100인의 작가버스킹 선정
(사)한국문인협회 강원도지회, 시섬문인협회, 한국인사동예술인협회, 서울시낭송문예협회, 강원아동문학회 등 활동
수상: 강원여성문예경연대회 장원, 한도시한책읽기 독서감상문대회 최우수상, 박건호시낭송대회 금상, 박경리문장낭독대회 최우수상, 김수영시낭송대회 동상 외 다수
전시: '민화, 시(詩)와의 만남' 초대전(2인전), 강원예술제 시화공모전 외 다수
시집:《고요의 뒤꿈치를 깨물다》
공저:《우리가 더딘 발걸음으로 걸어가는 것은》,《대한민국 시인낭송가들의 자작시》외 다수
이메일: chviola@hanmail.net

치악산·14 외 3편

맑은 눈빛이었으면 좋겠네
선한 마음이었으면 좋겠네

처음 올 때처럼
설렘의 푸른 물결 오늘도 싱싱하게
가슴 한가득 출렁였으면 좋겠네

폭풍 속에서도 길 잃지 않고
혹한 속에서도 손 놓지 않고
처음의 언약 잊지 않았으면 좋겠네

서로의 눈동자 속에서
환한 눈부처 되어
별처럼 영원히 빛났으면 좋겠네

순정한 눈빛으로, 뜨거운 마음으로

변함없이 그 자리에 우뚝
서 있으면 좋겠네
처음 올 때처럼, 그렇게

미륵산에 올라
―박경리 선생 묘소 앞에서

꽃이 되었네
나비가 되었네

일 잘하는 사내를 만나지 못해
스스로 억척스러워졌던 여인
살갗이 터지고 등이 휘어진 고목 한 그루*로
모진 세월 생명의 아픔
표장(標章)처럼 온몸에 휘감고
시간의 마디마디
문학이라는 용광로에 활활 불을 지펴
붉은, 문장을 끓였네

세상 끝에 홀로 서 있는 듯
절박했던 생의 고비
별들이 사라진 깜깜한 밤
글기둥 하나 잡고
눈먼 말 되어
사마천처럼 살았던 그 여인
토지의 어머니

버릴 것 다 버리고 비로소
꿈에 그리던 고향 땅에 돌아와
통영 앞바다 한눈에 내려다보이는
미륵산에 올라 편히
눈을 감았네

한 줌 흙이 되었네
한 줄기 바람이 되었네

먹장구름 가득 낀 가슴 한쪽을 도려내고
자그마한 조막손으로 혼신의 힘 다해
불살라버린
아아, 불멸의 문학혼이여!
나 오늘 미륵산에 올라
너른 바다에서 불어오는 하늘빛
바람소리를 듣네

"작가는 작품으로 얘기해야 한다"는
카랑카랑한 그 목소리
포구 저 멀리서 청댓잎 사운댈 때마다 일렁이는

대쪽 같은 당신의 짙붉은 심장,
푸른 숨소리를

* 박경리 시 〈내 모습〉에서.

어머니의 숨소리

자목련 흐드러진 봄밤
잠 못 이루고 뒤척이다 간신히
새벽녘에야 눈 붙이시던 어머니

용화선원 법보제에 다녀오신 날
모처럼 곤히 주무신다

시할아버님 위패 앞에서 머리 조아리시다
시아버님 위패 앞에서 공손히 두 손 모으시다
지아비 위패 앞에서 눈물 훌쩍거리시다
큰아들 위패 앞에서는 통곡하시고야 만 어머니

지은 죄도 없이 여자라는 죄목에 묶인 채
동백꽃처럼 피눈물 쏟아내는
가여운 어머니를 애써 외면한 어린 딸은

누구의 혼백일까
어디서 누굴 찾아온 걸까
법당 밖 새 울음소리에 주파수를 맞추고 있었다

떠나간 사람들 기별이 없고
달빛 환한 유년의 뜨락을 서성이던 여자아이
꽃잠이 든 어머니의 숨소리를 듣는다

봄밤,
붉은 꽃으로 피어나는 생명의 소리를

남애항

거기 있을 것 같았다
고래 한 마리
코발트빛 울음 뿜는 그 바닷가
등 돌리고 떠난 사람들이
어둠의 능선 너머 사위어 갈 때
홀로 눈시울 붉어진 해당화 꽃그늘 아래
흥건하게 스며든 썰물 발자국
밟힌 꽃잎에서 진홍빛 향기가 났다
어디쯤 이르렀을까
돌아오지 않는 그들은

슬퍼도 슬프지 않은 그곳
성난 파도가 철썩인다
한 계절의 회상 속 그리운 날들이
하나둘 집어등 불을 밝힌다
억겁을 돌아와 출렁이는 바다
검푸른 물결 위에 뭇별들이 반짝인다
달도 없는 밤하늘 외로이 유영하는
고래 한 마리 여윈 등줄기가
붉다

최정숙
崔貞淑

프로필

아호: 云又(운우)
《문예사조》시 등단(2009)
시낭송가, 시낭송 지도자
시울림 동인, 보령 별비시랑 낭송인회 회원
시섬문인협회 부회장
한국문인협회 회원, 한국문인협회 보령지부 회원
계간문예 중앙위원, 문예사조 부회장 역임
시집:《문패를 달면서》
시울림의《허공의 춤》외 공저 다수
시섬문인협회 동인지《모자이크》외 공저 다수
이메일: i-237@hanmail.net

삶이 기도다 외 4편

회사에서 보수교육 받을 때
사장님이 고맙다고 했다
고객이 멀거나 가깝거나
진상이거나 천사이거나
상관없이 무조건 간다

찬밥 더운밥 안 가리고
불러주면 고맙다
젊음이 매우 고픈 노인
회사에서 부르지 않으면
밭에라도 기도하러 간다

죄 없고 정직한 땅
종일 만지면 건강도 얻고
기도도 된다
사노라면 어려움 없을까
그래도 살아내는 것이 기도다

금강(錦江)

대한민국에서 6등
남한에서 3등
전라북도 장수군 장수읍 수분리 뜬봉샘
참으로 길게 멀리 흐르는 금강

금남, 호남, 충남의 정맥(正脈)
397.79km 흐르며 적시며
만물을 생성하여 풍요롭게 하니
그 숭고함 만고의 어머니

비단처럼 곱게 장구하게 흐르며
웅대한 꿈을 사람들 가슴마다 나르는
아버지만큼 든든한 금강

꽃신

꽃길만 걸으라고
고무신에 한 잎 한 잎
정성으로 그려주신 꽃신

하도 예뻐 신기도 아까워
주방에서만 신는데
아홉 살 손자
예쁜 줄은 알아서
눈만 뜨면 끌고 다닌다

너만 한 나이 때
꺼먹 고무신으로
자동차도 만들고

고무신배 만들어
세숫대야 바다에 띄워
세계 일주하던 시절 불러보네

꽃신 나룻배
행복꽃 소복소복

꽃신 나룻배에 희망 얹어
세월을 거스르는 흰머리 소녀

비 오는 아침

등굣길 덮은 우산들
그 위로 보인다
손자 나이만 한 때의
단발머리 아이

교실에서 창밖의
쏟아지는 빗줄기 보며
종이우산도 없어 슬펐다

높새바람 불면 가뭄 들어
십 리 밖 이웃 동네에서
물동이 이고 오던 젊은 엄마

미친 진눈깨비
철쭉 얼굴 마구 때릴 때
어김없이 시퍼렇게 얼은 엄마
부뚜막 드므에
물 쏟는 소리 들린다

그래도 물 아끼려고

봉당에서
쌀뜨물로 세수하던,
딸이라서 서러운
계집아이 보인다

손자 교문 안으로 들어가고
문득,
64년 되돌아온 늙은 소녀

앓고 있는 친구들
전화번호 누르고 있다

어머니

논에 우렁이 껍데기 보며
문득 어머니가 그립다
학교 다녀와
어머니가 안 보이면
온 동네 돌아다니며 찾으니
핀잔 많이 들었다
다 큰 사람이 젖 먹으려고 찾느냐고
그래도 엄마 얼굴 보고서야
마음이 편했다

늙어서도 어머니께
속을 다 털어놓으니
홀가분했다
내가 어머니 되어 보니
평생 자식 걱정이다

우렁이 제 몸에 새끼를 품어
어미 몸을 파먹고 자라는 새끼들
우렁이 껍데기 둥둥 떠내려가는데
제 어미의 껍데기인 줄 모르고

죽는 순간까지 어미 우렁이를
그리워한다

박희봉
朴熙奉

프로필

1954년 경북 청도 출생
세계문학예술 신인상 등단(2019)
현대시선 신인상 등단(2022)
현대중공업 엔진사업부 퇴직
한국방송통신대학교 국어국문학과 졸업(문학사)
시섬문인협회 회원, 현대시선 문학사 회원, 신춘문예 공모나라 회원
이메일: Phboys1116@hanmail.net

장미 외 4편

갓 맺어진 꽃봉오리는
동그란 아기 얼굴 같고,

수줍게 살짝 피면
두 볼 빨간 소녀가 되고,

활짝 웃으며 피어나면
아름다운 여인이 된다.

한아름의 장미꽃을
사람들은 좋아하지만,

나는 한 송이 장미로
사랑을 노래하리라!

비의 연가

투명 우산을 두드리는 빗방울 소리에,
문득 동그란 그대 얼굴이 떠오릅니다.

마음속 한편에 자리한 그대의 동그란 얼굴,
빗방울 바라보며 생각에 젖어봅니다.

보도블록에 뚝뚝뚝 떨어지는 빗소리에,
그대에 대한 그리움 되어 되살아납니다.

서로가 헤어져 있는 삶이란 가슴 아파도,
그대에 대한 그리움도 빗물 따라 그러겠지요!

여울지는 그리움에 가슴이 흠뻑 젖어도,
그대를 그리워하며 부르는 애잔한 노래.

가을이 오면

시월에는 사랑하는 사람과 산으로 가리라,
온산 가득한 단풍 바라보며 걸어가리라!

두 손을 마주 잡고 정답게 걸어가면,
바람에 몸도 마음도 가벼이 춤추리!

새빨간 단풍잎을 마음사전 갈피에 간직해서,
훗날 당신께 살포시 꺼내 드리리라!

고운 빛깔의 아름다운 추억이 배어 있는,
내 마음을 물들인 새빨간 단풍잎을 드리리라!

한 세상 소풍처럼 잠시 왔다 가는 짧은 인생,
단풍처럼 고운 빛깔의 마음으로 살아가리라!

흔적

인연은
순간마다 나도
모르게 스쳐 간다.

인연은
어디에서나
소리 없이 다가온다.

인연은
너무도 쉽게
길 떠나기도 한다.

인연은
삶의 순간마다
그 흔적을 남긴다.

인연이 된
당신의 삶에
따뜻한 흔적이 되기를…

커피 향기

그대의 따뜻한 사랑이
갈색빛 온기로 녹아듭니다

피어오르는 그대의 향기는
마음속으로 젖어듭니다

코끝과 혀에서 온몸으로
향기로운 내음이 스며듭니다

잔잔히 녹아든 향기는
마음을 편안하게 합니다

음미하는 커피 한 잔은
행복한 삶의 향기입니다.

김백란
金白蘭

프로필

1950년 경북 상주 출생
《한국문인》시 부문 신인상 등단(2012)
한국문인 협회 회원, 강원문인 협회 이사, 강원여성문학인회 회원
철원 문인협회 회장 역임
제1회 이태준 백일장 장원
시집:《스물일곱 배미의 사랑》(2014)
　　《할말 있어요》(2020)
　　《민통선 마을 양지리에서》(2024)
사진집:《DMZ 양지리마을 철새 이야기》(2021)
이메일: kb14255@naver.com

민통선 마을 양지리에서 외 2편

1
스멀스멀 땀이 배이는 오후
논은 논이 아니었다
자갈밭이었고
황무지였다

임대해 준 땅
노동만이 필요했다
피땀 흘려 일궈야만 했다

전쟁이 할퀴고 간
피바람으로 황폐한 땅
외면하던 땅을 찾아
화전민들이 모여들었다
허연 쌀밥이 그리워 모여들었다

70년대 초
밥 한 그릇이 눈물겨운 시대
철원이라는 오지에
발을 들여놓고

밤이면 물꼬 싸움
낮이면 땀방울을 흘리고 또 흘렸다

2
동네 어귀엔 늙은 정자나무 한 그루 없고
살아남은 피붙이 하나 없이
외지에서 몰려온 사람들
가난 때문에 서러운 사람들이었다

의지할 데라곤
노동력 하나 빈손에 움켜쥐고
철원 벌판을 밟았다

경운기에 몸을 싣고
바람 맞으며 가는 일터에
바람이 좋았다
억새가 바람 따라 일렁이는 게 좋았다

벼가 패기 시작하면
바람이 왜 불어야 하는지 알게 됐다

그리고 그때 사랑도 알게 되었다
허연 쌀밥을 먹고 사랑하다가
낳고 낳고
한 일가를 이루었다

3
철책선을 뒤흔들던 대남방송
그 소리 자장가처럼 듣고 살아온 날이
수 십년 흘렀다

장날마다 꽃단장하고
장 보러 가던 형님들
이제 하나둘 다 떠나가고
주름진 손등 바라보며
노을 진 여정을 더듬는다

스물일곱배미 다랑논 사고
기뻐하던 날
세상을 다 가진 것처럼 좋아하던 날
그 마음 가슴에 품고 살아온 세월

미련도 후회도 없어라
옥수수 익어가는 텃밭에서
오늘도 잡초더미와 전쟁이다

허수아비

바람이 너의 품을 파고들어
속살 다 갉아먹고
빈속 내 보이기는 싫어
춤을 추고 있구나

제 영혼 어느 허공에 던져놓고
흥에 겨워
온몸을 바람에 맡기고 서서
차라리 사랑 타령이냐

뙤약볕에 말라가는 풀들
벼 그루터기
못다 한 결실이 있거들랑
다시 올 그날을 위해 잠재우고

오늘은 편히 쉬려무나
내 서러운 이웃이여

유월의 하루

바람이 불면 날아드는 검불되어
여기까지 왔구나
유월의 한낮은 길고도 길어라
해는 서산을 바라보고
손길은 더디다

질긴 풀뿌리 네 손안에 놓여날 때
상처 난 마음 싸매면서 흙을 보듬고
하늘 한 자락 바라보고
바람에 비껴가는 구름을 잡아본다

애써 가꾸어 놓은 채마밭에
못다 핀 꿈이 서리고
밤마다 백짓장을 이불처럼 쓰고 누워
풀을 뽑듯 힘주어 헛손질로 밤을 샌다

하얗게 밝아오는 아침은
안개로 하루를 저울질하고
오늘도 시간의 그늘에 갇혀서
헤매고 있구나

강위덕
姜渭德

프로필

월간《스토리문학》등단(2008), 시인 · 화가 · 작곡가
시섬문인협회 이사, 2022년 제9회 스토리문학 대상 수상
서울 예술의전당 콘서트홀, 미국 카네기홀, 첵리퍼버릭 폴렌드 등 10여 차례 작곡 발표회
세종문화회관 개인전, 2024년 강위덕 작가의 '풍경이 있는 랩소디' 특별기획 전시회 외 30차례 개인전, 대상 작가
시집:《미치도록 잠이 마렵다》,《손톱이라는 창문》,《풍경이 있는 랩소디》등 12권
이메일: weedeekang1234@hotmail.com

가장 가까운 별 외 2편

별 중에 가장 가까운 별은 단 하나뿐이지만
더 가까운 별은 멀더라도 찾아가 만지는 데 있다

아무데도 아픈 데가 없는 몸을 만지는 것이
아무데도 아픈 데가 없는 몸을 만지는 것처럼 아프다

3개월의 병상 일기

나는 판단 이전에 앉는다
의사는 노래한다
6개월 시한부 인생
위암 말기, 간암 말기, 임파선 말기,

생기기 이전에서 시작하는 잎사귀는
끝난 곳에서 시작하는 엽서였다
처방은 공간이고 허풍이고
기억은 썩지 않는다.

맨발 걷기가 좋다 했다.
매일 6시간, 고달프다
포도즙 용법 백만 원, 냉장고에 갇혀 있다
효소제가 좋다 했다. 2백만 원이 박스에 갇힌 채 그대로 있다.
요양원에 가라 했다. 낮과 밤의 2백만 원이 거울에 비친다
구리로 된 옷을 입으라 했다. 170만 원
패치를 붙이라 했다. 220만 원
좋다고 하길래 고주파 기계를 샀다. 220만 원

다 받아들였다

거절한 것도 없지는 않다. 항암 치료, 표적 치료, 면역 치료
희생자의 향불이다

분명치 않은 정확과
실패한 혁명의 문을 열면 뭉게구름이 피어오르는 소설?

지금은 매나테크에 매달려 산다
950만 원

돈, 돈, 돈,

모르면 비싼 것을 선택하라 했다.

진과 허가 구분되지 않는다.
두렵다
몸이 나를 토해내고 있다
토마토는 있는 힘껏 썩어가고 있는데
누구는 내리는 비를 바라보고 누구는 내리는 비의 사이를 본다
누구는 내리는 비만 바라보고 누구는 내리는 비의 사이를 본다

누군가의 시를 본다

겉장을 보면 시냇물이 흘러나오는 그런 시집은 없나요?

처녀작

발꼬락으로 시를 썼다
그때는 손가락이 없는 줄 알았다

아랫배에 시를 썼다
그때는 지필묵이 없는 줄 알았다

상형문자로 시를 썼다
그때는 한글도 영어도 없는 줄 알았다

나는 여자였다
그때는 남자가 없는 줄 알았다

지금은 남자로 살아온 지 86년
침묵의 하늘을 바라보고
시를 낭송했다

어~~~ㅁ 마마마~~~

김상경
金相暻

프로필

아호: 向明(향명)
《문예사조》등단, 1970년대 전주 신석정(辛夕汀) 문하
양천문인협회 제7대 회장 역임
시섬문인협회 부회장
한국경찰문학회 수석부회장 겸 편집주간
코리안드림문학 수석부회장 겸 사무총장
한국인사동예술인협회〈=시가모〉회장
한국현대시협 이사
서울예술가곡협회 문화예술 교류위원장
양천문학상 수상, 제32차 전국문인대표자 대회 즉흥시 장원(최우수상)
제31회 한국예총예술문화상 대상(지역)
시집:《고요한 것이 수상하다》(시문학사)
이메일: kimsg_19@hanmail.net

그리운 섬 선운사 외 2편

누구나 고해의 바다를
항행하면서 그리운 섬
하나 갖고 있다

선운산 골짜기는
그리운 섬

내 고향 봄
동백꽃 피고지고
상사화 지고피고
맺힌 그리움
핏빛으로 염색하는
유년의 수채화

수대동 삼인리 주막
육자배기 여자의 막걸리 타령
미당의 무릎 맞장구
아직도
쉬어진 가락 산턱을 휘어 도는데

푸른 허리 더욱 쪽빛
이맘때면
오색 추상화를 입는다

어린 날의 선운산 구름과 비
그리운 섬이 되어
서해바다 은빛
금빛 질 때까지
가슴에 빛난다

낙조대 그림자
멀리서 들려오는
뱃노래
어랑어랑
어기여차
어이야 디야

떠나가는 배
돌아오는 당신의 쉰 목소리

내 고향
선운산 골짜기는
그리운 섬

선운사를 가보셨나요
도적이 사람되고
떠난 님
동백꽃 보고 싶어
다시
돌아온다는

관세음 피리소리 들리는

녹두꽃
서러움도 다시 일어선다는
선운사에 꼭
들렀다 가셔요

검은 이브 할머니

나는 백만년 진화의 산물이다
이브 할머니의 백년을 기다린
기쁨이고 또 슬픔이다

천둥번개 비바람이 쳐도
동굴밖에
손자가 고름 질질 죽어갈 때
입으로 짜주고 침을 바르는 것 외
저 알 수 없는 새벽마다 눈송이처럼
빛나는 눈물 같은 별에게
수북한 털로 두 손 모으는 것 외

수없던 그 할머니의 딸에 딸에…
아들로 여기
이제 뛰뛰빵빵 차를 타고
비오면 우산 받고
아프면 긴급실 달려가는 나는
할머니 텔로미어, 진화의 산물
당신의 검은 가슴, 분홍빛
진달래 가슴 되고

당신의 두 손 모음, 입술이
하느님을 부르게 하였네

그러나 우네
검은 눈빛들 우네
검은 이브 할머니를 닮은
검은 눈빛의 DNA가 우네

황빛 별 별똥별이 우수수 떨어지고
서로 시퍼런 은장도 푸른빛이
건너의 형제를 죽이고 누이를
훔쳐 온 날로부터 할머니는 울었네

그 잡혀 온 후예들이 형의 종이 되고
동생의 노비가 되어 온 카인의 역사 위에

나는 백만년 진화의 산물이다
울음의 알갱이다
검은 이브 할머니
DNA다

그래서 너와 나는 궁금하다
동지이고 적, 형제이며 타인인
우리는 서로
검은 이브 할머니를 그리워하며
기도한다

여전히 불가사 불가해의
이 넘실거리는 검은 바다 위에
만적, 우금티의 헛헛한
울음소리
아롱아롱 목이 젖는
그대와 나

우리
검은 이브 할머니
눈에 넣어도 아프지 않은
검은 DNA 동족

조각

살아보니
아직

말할 때는 아니다

풍우의 세월
정으로 치고
파고
또

떨어질 것
떨어지고
붙어 있을 것
붙어 있으니

비로소
얼굴
보인다

야위고

들어간

눈빛
별처럼
빛나는

그게
너다
나다

안준영

安俊永

프로필

《詩歌흐르는서울》 신인상, 등단(2020)
시섬문인협회 회원
동인지:《우리들의 겨울 아침에》
이메일: ckfsk0@naver.com

숨 외 3편

물오름달에 파르라니 풀처럼 나왔다가
모래알처럼 흩어진 마음은
또다시 열매달에 알토란 씨앗을 품고
겨울잠을 자듯
부토가 되어가는 것

이순에 드는 생각

심술

보고 싶다는 말
간신히 참아 보지만
사무치게 네가 그립다
하염없이 기다리는 나
초라해져도 좋으니
네가 온다는
내게로 온다는
풍문이라도 듣고 싶어

오고 있지?

엄마와 나는

낯설음에 허둥대던 하루의 상처는
달무리지는 보름달에 넣어 별일 아닌 듯 흘려보냅니다
아가
여기 가만히 있어
이렇게 나를 보살피던 엄마가
엄마만큼 자란 내 손을 붙잡고
엄마
여기 가만히 계세요
자식의 올리사랑을 받으며 엄마는
지친 아흔을 내 어깨에 내려놓습니다
엄마 엄마
여기 가만히 계셔요
엄마

애타게 기다리는

느티나무 한 그루가 울창한 숲이 되는 걸
그때는 몰랐습니다
찬란한
햇살이 전부인 양
은밀한 볕마저 품고
앞만 보고 걸었습니다

하해와 같은
말 없는 속을
미처 들여다보지 못했습니다
당신의 요동치는 마음이 방파제를 넘어도
내 안은 고요한 호수였음을

이제야 보입니다
등 뒤에서 기둥으로 남아
밀어주던 바람
그 순풍이
당신이었다는 것을
당신의 빈자리를 보며
뒤늦은 알아차림에 속울음을 삼킵니다

보고 싶습니다
사무치도록

한선향
韓善香

프로필

《心象》 신인상으로 등단(2005)
시낭송가, 시낭송 지도자
한국시낭송가협회 부회장
한국문인협회 이사, 대구문인협회 이사
국제펜클럽 이사, 시섬문인협회 고문
여성문인협회 회원
심상시인회 회원, 싸리울문학회 회원
수상: 시섬문학상, 시섬공로상, 국제펜 낭송문학상
시집:《비만한 도시》
이메일: hjhj9904@hanmail.net

내 살아가는 길 외 3편

늦가을 단풍이 더욱 선명해
한잎 두잎 떨어지는 잎들도
고와 보입니다

꽃보다 더 붉게 타는 가을 여인이라고
나이테 하나씩 긋고 가는 세월의 벽면에도
오기의 덫에 걸린
꽃 한 송이 또 피우고 있습니다

내 마음 저편에서 이편으로
끈질기게 잡아당기는 것은
헤프게 날려버린 그 많은 시간을
나에게 되돌려주고 싶기 때문입니다

내게 당도한 이 늦가을의 쓸쓸한 배경에도
천진한 아이처럼
배시시 미소 짓게 하는 들꽃 길을
노래하며 걷겠습니다

문향이 머문 옛 기찻길

꿈속 길 녹슨 두 가닥 철로변
능금 꽃 환한 고향길 지나간다
혓바닥 아래 고인 침처럼
그리움이 절여지면
차박차박 치맛자락 적시는 금호강 달빛 아래
퐁네프다리*가 눈에 걸친다
갇힌 길도 아름다운 문향이 머무는 곳
시와 산문이 있는 옛 기찻길

내 포켓 속 지폐 몇 장도 기쁘게 따라나서는
커피 향 짙은 농익은 풍경 마시고 싶어
옛 기찻길 따라 마음이 먼저 간다

* 퐁네프다리: 파리 센강 위에 있는 가장 오래된 다리

숨을 크게 쉰다는 것

거울 같은 달빛의 거리
지나간 길을 비추고 있다
목차도 없는 삶의 고백이
일그러진 과거의 몽타주를 그리고 있는

무덤보다 깊은 고뇌의 바닥에서
숨을 크게 쉰다는 것
빙점은 뜨거운 가슴으로 솟구쳐 올라
달빛 열어 놓은 환한 스크린에
아픔의 붕대 줄줄이 풀어 놓는
각진 돌 깎아내듯 그렇게 둥글리다 보면
응어리진 것들 봄눈 녹듯
순한 맨몸 위로 감로수 흘러간다

거미 브로치

나의 자주색 코트 깃에 번쩍거리는 거미 브로치

쪽창 하나 없는 방. 가로세로 줄 엮인
그들의 방은 끈끈한 미끼가 있었지
그 방은 음침한 곳이면 언제 어디서나 출렁이고 있어
그 자식들, 여린 것의 심장 파먹으며 히히덕거렸지

그 순간 나, 거미줄의 숨결 뽑아버리기로 했지
내가 들고 있는 건 엉성한 빗자루였지만
한 번 스칠 때마다 그들의 방은 무너져버렸어
무너진 방에서 그때 빠져나온 거미 한 마리
내 코트 깃에 악착스레 달라붙는 거야

나는 외출할 때마다 거미 브로치 달고 다니지
나를 향해 작살 내리꽂는 금빛 거미 브로치

김성운
金成云

프로필

아호: 恒山(항산)
거창 출생
서양화가, 삼육대학교 문화예술대학장 역임, 디자인학 박사
홍익대학교 산업미술대학원 졸업, 프랑스 미술 유학
도쿄, 파리, 조선일보미술관 등 국내외 개인전 23회
사단법인 세계미술연맹 수석 부이사장
미국의회도서관, 한국산업은행, 프랑스, 일본, 남아공 등 작품 소장
현 삼육대학교 명예교수, 김성운미술연구소 대표
저서:《힐링이 있는 그림이야기》,《들뢰즈 철학과 예술을 말하다》,
《디지털시대 광고디자인론》,《김성운: 노스탤지어 빛》
이메일: sungwoon@syu.ac.kr

형제의 나라 튀르키예 외1편

튀르키예 여행의 대표는 카바도키아 열기구 체험이다. 나는 공중에 뜬 그 열기구 안에서 카바도키아의 스머프 마을과 형형색색의 다른 열기구들을 보면서 살아있음에 감사하고 무한한 행복감, 성취감을 만끽했다.

동서양을 잇는 위치에 있는 튀르키예는 역사, 종교, 문화 유적 등 볼거리가 참으로 많다. 튀르키예를 여행하다 보면 커피, 피자, 군악대, 아편 등을 세계 최초로 개발한 놀라운 점들이 발견된다. 80여 개 국가를 여행한 나는 한동안 튀르키예의 경험담을 얘기할 것 같다.

튀르키예인의 한국 사랑은 유별나다. 상점, 휴게소, 식당 등을 방문하는 곳마다 큰소리로 "우리가 남이가?"라는 한국말로 환영한다. 나는 처음에는 '그저 관광지 장삿속이지'라고 생각했는데 가이드의 말을 듣고 머리를 얻어맞은 듯 충격을 받았다. 그의 말에 의하면 "튀르키예 학생들의 역사 교과서에는 '한국과 튀르키예 관계'를 서술한 것이 3페이지인데 반해 한국 역사 교과서에는 단 3줄이다"라고 한다.

한국과 튀르키예 역사를 돌아보면 1,500여 년 전 고구려와 서로 국경을 맞둔 돌궐(동돌궐)과의 동맹, 연개소문의 딸과 돌궐 왕과 결혼, 고구려 왕자와 돌궐 공주와 혼인이 있었고, 사신들을 교류하고 고구려 유민을 받아들였다. 튀르키예는 1950년 한국 전쟁에서 미국, 영국, 캐나다에 이어 네 번째로 5천여 명을 파병해서 피를 나눴다. 튀르키예 군인들은 월급의 일부를 털어 전쟁 고아들을 돌봤다.

튀르키예와 '형제의 나라'*라는 말이 가장 많이 회자된 것은 2002 한일월드컵 3·4위전 때이다. 튀르키예는 최초로 1954년 스위스 스위스 월드컵에 진출하고 48년 만에 2002 한일월드컵에 진출했다. 튀르키예는 16강에서 일본을, 8강에서 세네갈을 각각 1:0으로 누르고 우승 후보 브라질을 만났다. 튀르키예 국민들은 이 역사적인 게임에 '형제의 나라' 한국인 주심이 배정되어 너무 설렜다. 하지만 '짝사랑'으로 끝이 났다.

한국인 최초로 월드컵이라는 빅게임의 주심을 맡은 김모 주심은 너무 당황한 나머지 결정적인 오심으로 튀르키예 국민들을 실망시켰다. 튀르키예 팀은 선제골을 넣고 브라질에 한 골 먹어 1:1 상황에서 페널티 라인 안에서 튀르키예 수비수가 걷어낸 공이 브라질 공격수 히바우두* 다리에 맞았는데 갑자기 '얼굴'을 감싸고 쓰러졌다. 명백한 할리우드 액션인데 심판은 페널티 킥을 선언하고 비신사적 행위로 수비수를 퇴장까지 시켜버린다. 결국 1:2로 패배하자 튀르키예 국민들은 탄식했고 자국에서 열혈팬이 던진 화분에 맞아 어린아이가 사망하는 사건도 있었다. 튀르키예와 국산 탱크 판매계약을 앞둔 국방부도 뒷목이 잡혔

---

* 튀르키예가 말하는 '형제 나라'와 거리가 있다는 주장도 있다. 일부 튀르키예인들은 다른 나라에게도 '형제 나라'라는 말을 사용함.
* 히바우두는 할리우드 액션으로 FIFA에서 벌금 징계를 받음.

다. 하지만 반전은 있었다. 튀르키예-중국전에서 한국민들은 튀르키예를 목이 터져라 응원했고 4:0으로 튀르키예가 이겼다. 튀르키예 국민들에게 약간이나마 기분을 풀어주었다. 놀랍게도 준결승까지 올라간 튀르키예는 또 브라질에 1:0으로 져 대한민국과 3·4위전을 치러야 했다.

한국과의 운명의 3·4위전이 대구에서 열렸다. 경기장에는 온통 붉은 물결이었고 튀르키예인을 찾아볼 수 없었다. 튀르키예 국가가 울리고 붉은 악마 응원석에서 누구도 예상하지 못했던 30m×20m짜리 초대형 튀르키예 국기가 펼쳐졌다. 이어 애국가 순서에는 3분의 2 크기의 상대적으로 작은 태극기가 내려졌다. 세계 150개국에 중계되는 이 드라마틱한 광경에 튀르키예 국민과 선수들은 감격에 겨워 눈물을 흘리고, 튀르키예인들은 너무 감사한 나머지 한국인에게 호텔, 식사, 음료 무료라는 선물로 '형제의 나라'에 감사했다.

경기는 2:3으로 한국이 졌지만, 경기 후 두 나라의 선수들은 세계인들에게 보란 듯이 얼싸안고 역사적인 월드컵 3강, 4강의 기쁨을 나눴다. 그야말로 "우리가 남이가?"라는 말을 인식시켜 주었다.

이후 튀르키예는 '형제의 나라'에 보답한다. 두 국가 간 프로젝트에 현대건설, SK건설은 유럽과 아시아를 잇는 보스포러스 제3대교, 해저터널을 건설했고 각 기업들은 공항, 병원, 교량, 정유공장 등을 수주했다. 최근에는 탱크뿐만 아니라 전투기, 장갑차, 레이저 센서 등 첨단 방산 산업도 함께한다. 아직도 두 국가 대통령이 만나면 2002 한일월드컵 때의 경험을 공유하며 덕담을 나눈다.

튀르키예인들의 특징은 생김새는 다소 다르지만 한국인과 닮은 점이 많다. 정이 많고, 성실하며, 친절하며, 쉽게 흥분하고, 가무에 능하며, 몽고반점이 있다. 혹시 튀르키예에 흘러들어간 고구려 유민, 그들과 피가 섞인 흔적, 느낌 같은 것이 뇌리에 스친다.

튀르키예 여행을 하면서 그들이 그들의 국기를 얼마나 소중히 여기고 자부심을 느끼는지 직접 체험했다. 우리는 관공서나 학교, 기업에 국기를 게양하지만 튀르키예는 높은 곳, 눈에 띄는 곳, 소중한 곳에는 어김없이 초승달, 별이 선명한 빨간 튀르키예 국기를 게양하고 있다. 그들은 전성기 오스만 제국에 대한 향수와 애국심이 남다르다. 요트에서는 아예 자신들의 국기를 배경으로 포토존을 만들고 관광객 남자는 뒤에서 국기를 펴고, 여자는 국기 속에 들어가게 사진 찍기를 유도한다. 튀르키예 상점에는 국기 기념품도 많다. 나는 그중 가장 디자인이 좋은 국기 기념품을 구입했다.

나는 우리나라도 경직된 보수, 진보의 입장을 떠나 자랑스러운 대한민국의 태극기를 보다 많은 곳에, 가능한 한 눈에 띄게, 크게 게양하여 더욱 빛내야 된다고 생각한다. 나는 유학과 여행을 통해 미국, 프랑스, 중국, 남미 등에서 이미 '지극한' 자국 국기 사랑을 목격했다. 대한민국을 방문한 외국인들도 나처럼 대한민국의 태극기 기념품을 구입하고 항상 대한민국을 좋은 이미지로 생각하고 그것을 보관할 것이다.

추상화를 그리며

나는 40여 년간 고향의 누렁소와 고향 의식의 목가적인 구상화를 그려 왔다. 정년 퇴임 3년 차, 나는 그 난해하다고 하는 '추상화'를 그리기로 했다. 나는 세계 80여 개국을 여행하고, 프랑스 유학을 하면서 각 나라 작가의 추상화를 연구해 왔다. 그러던 중 공통점을 발견했다. 한결같이 그 추상화에는 자국의 역사, 정신, 전통, 사상, 주제, 생활이 스며있었다. 그래서 나도 조국, 내 나라의 정신을 주제로 생각을 집중하고 몰두했다. 그것은 목동과 함께 뛰노는 색동옷을 입은 여자 어린아이의 색동을 주제로 한 추상화를 생각해 냈다.

추상화(Abstract Art)는 눈에 보이는 사실적 재현의 구상화와 반대되는 개념으로 '비구상화'라고도 한다. 추상화는 비가시적 의미나 이미지를 점, 선, 면, 색채 등을 독특한 질감이나 형식으로 표현하는 그림이다. 미술사에는 인상파 이후, 사진의 발명으로 화가들의 위기 속에서 더 이상 실물 표현은 의미가 없다고 보고 정신적, 철학적 의도로 추상화가 시도되었다. 추상화는 크게 두 종류로 나뉜다. 말하자면, 서정적인 주제로 부드럽고 자유로운 붓 터치, 몽환적이고 또는 과감한 접근법의 '뜨거운 추상'과 직선, 기하학적 기법으로 회화의 근원과 본질을 찾아 간단명료하게 구성하는 '차가운 추상'이 있다. 그러나 이것은 사전식 구분일 뿐 주제, 내용, 기법, 재료, 접근 방식에 따라 천차만별이다. 구상, 추상 반만 그리는 반추상, 구상과 함께 그리는 신조형 추상, 환상과 꿈을 그리는 달리, 마그리트 같은 초현실주의 등 크로스오버 추상화는 특별히 구분할 수조차 없다.

추상화가는 그림을 분석하고 실험하는 세잔, 대상을 해체하고 입체적으로 그린 피카소, 음악을 회화적으로 표현하는 칸딘스키, 면과 색을 규격화시키는 몬드리안, 물감을 흩뿌리는 잭슨 폴록, 점을 이용하는 김환기, 이우환 등이 있다. 추상화가들은 각자 자신의 작품에 철학적인 설득 커뮤니케이션을 갖고 있다. 구체적인 설명보다 추구 명제를 던져서 이해하도록 유도한다. 그래서 추상화가는 작품의 깊이를 위해 철학을 심도있게 공부하고 작품에 반영한다.

추상화에서 정답을 구하는 것은 어리석은 일이다. 인문학이 정답이 없는 것처럼 추상화도 명확한 이해를 구하기 힘들다. 단 감상법은 있다. 해체 철학자들의 탈구조, 비표상 개념이 그것인데 모든 작품은 시간이 지남에 따라, 감상자의 취향, 지적 수준, 인식에 따라 해석의 차이가 나며 그 해석의 차이가 답이라고 한다. 그들은 반복도 단순한 반복은 없고 그 의미가 다르다고 한다.

나는 내 작품의 이름을 프랑스 철학자 자크 데리다가 '차이'라는 뜻의 프랑스어 différence에서 'e'를 'a'로 변경하여 만든 '디페랑스(Différance)'라고 명명했다. différence와 différance는 둘 다 '디페랑스'로 발음되지만 자크 데리다는 '차연(差延, différance)'이라는 새롭게 창조한 개념으로 신조어를 만들었다.

김성운, 디페랑스(Différance) 16 – 025,
162×130.2cm(100F), Acrylic on Canvas, 2025

차연은 '차이를 바로 이해하지 말고 시간적, 공간적으로 연기해 놓는다'라는 의미이다. 간단히 말하면 "동일한 영상, 그림도 시간이 연기됨에 따라 다르게 인식된다"는 해체이론이다. 음악에서 모리스 라벨의 〈볼레로〉는 338마디의 반복이지만 시간의 지연에 따라 음향과 리듬이 점차 강화되어 가는 이치와 동일하다.

  나의 추상화는 반복적인 붓질로 색의 근원을 파고들며 크고 작은 색면을 통해 의미생성을 추구하고 원형과 직선의 움직임,

동세적인 옵티컬 아트 개념으로 산종(散種), 즉 곳곳에 의미의 씨를 뿌린다. 꽃이 피고 열매를 맺는다. 그것은 오로지 감상자의 몫일 뿐이다.

나의 추상화를 대하는 감상자는 시간, 기억, 조국, 고향, 사랑, 꽃, 깃발, 하늘, 바다, 산, 우주, 계절, 대화, 바람, 향기, 자전거, 자동차, 기계, 태극 사상, 음양오행론 등 무한한 해석을 버라이어티하게 인식할 수 있다. 이것이 추상화의 장점이다. 자유로운 상상의 나래를 무한히 펼칠 수 있다.

내가 시를 좋아하고 사랑하는 이유도 결과적으로 추상화를 위한 것이다. 나는 항상 시인들의 독특한 상상력과 감성을 주시하며, 어떻게 시각적으로 표현할지를 연구해 왔다. 시인이 평생 갈고 닦은 시어와 문장력은 나에게 남다른 창의력, 호기심을 발현시킨다. 나는 단지 조형적인 구성과 물감으로 신선과 선녀들이 노니는 시인의 세계를 훔쳐보고 그리는 것이다.

나는 클래식 음악을 들으면서 추상화를 그린다. 칸딘스키가 그랬던 것처럼 복잡하고 다채로운 화면은 수많은 악기의 연주, 즉 울림, 화음, 느낌을 고스란히 추상화에 녹여낼 수 있기 때문이다. 음악 속에서 뿜어져 나오는 작곡가의 멜로디와 에너지는 은연중에 나의 붓에 전달되어 리듬과 감성을 터치하고 있다.

나는 곧 칠순이 되는 인생의 황혼녘, 나에게 추상화를 자유롭고 부담 없이 그릴 시간과 조그마한 화실, 후원자가 제공한 넉넉한 화재(畫材)가 주어짐을 하나님께 감사한다.

최길호
崔吉鎬

프로필

《국제문예》수필 부문 등단(2020)
(사)국제문인협회 정회원, 시섬문인협회 정회원
前 SDA삼육어학원 대표이사, 앤드류스대학 목회학 박사
서울영어학원교회 담임목사 역임
블로그: deepingrace
이메일: deepingrace@naver.com

너 잘되는 것은 못 보겠다

사람이 가지는 감정 가운데 가장 강렬하고 가장 추한 결과를 가져오는 것이 질투가 아닌가 한다. "타인의 성공에 대한 질투는 자신의 실패에 대한 자백"이라고 누군가 말했다. 왜 타인의 성공이 자신의 실패로 귀착되어야 하는지 이해가 되지 않는다. 르네 마그리트는 "질투는 뼈의 시체를 먹어 치우는 썩은 미소와 같다"라고 말했다. 외형적으로는 보이지 않지만, 내면에서 사람을 파괴하는 질투를 잘 표현한다.

질투의 비이성적이고 파괴적인 성격을 잘 보여주는 하나의 예화가 있다. 어느 날 한 청년이 백일기도를 했다. "하나님, 저에게 아름다운 경관을 가진 별장을 하나 주세요." 백일기도가 끝나는 날 하나님이 기도에 응답해 주었다. "그래, 너의 소원을 들어주마. 단, 조건은 친구에게는 두 배로 좋은 별장을 주는 것이니라." 그는 꿈에 그리던 별장을 갖게 되어 기쁨이 가득했다. 그런데 그 옆에 더 좋은 친구의 별장이 있는 것을 보고 그의 마음이 상했다. 그는 다시 백일기도를 드렸다. "하나님, 저에게 아름답고 착한 아가씨를 보내 주십시오." 백일기도가 끝나는 날 하나님이 응답했다. "그래, 너의 소원을 이루어 주겠노라. 저번과 같이 친구에게도 더 아름답고 착한 소녀를 허락하는 조건이니라." 그는 좋은 별장에서 예쁜 아가씨와 행복한 생활을 했다. 얼마 후 그

청년은 옆집 친구를 보고 심히 마음이 상했다. 그 친구는 자기보다 더 좋은 집에 더 예쁜 아기씨와 살고 있었기 때문이다. 그는 다시 백일기도를 시작했다. "하나님 저의 한쪽 눈을 뽑아 주십시오."

이처럼 질투는 눈을 멀게 만든다. 자신에게 있는 모든 좋은 것을 바라보지 못하게 해서 자신에게 있는 모든 축복을 누리지 못하게 한다. 항상 남의 떡과 초장이 훨씬 크고 맛있게 보이는 법이다. 자신도 잘되고 남도 잘되면 좋으련만 인간의 심사는 자신은 잘되고 다른 사람은 망하기를 바란다. 그것이 잘 안 되면 "내가 안 돼도 좋으나 너 잘되는 것은 못 보겠다"라는 심보가 생긴다. 이런 질투에 사로잡힌 사람은 자신도 다른 사람도 망친다. 중상모략하고 이간질하고 다른 사람을 은근히 깎아내리는 일을 도모하기 때문이다.

예로부터 모든 문화에서 질투는 보편적인 인간 심리였던 것 같다. 여러 문화에서 질투에 대한 격언과 이야기가 많이 있는 것을 보면 그것을 알 수 있다. 조지 버나드 쇼는 "질투는 불행의 문을 여는 열쇠와 같다"라고 말했다. 파울루 코엘류는 "질투는 가장 강력한 감정 중 하나이다. 그 감정이 당신을 지배할 때 당신은 미쳐 버릴 것이다"라고 말했다. 니체는 "질투는 타인의 행복을 자신의 불행으로 여기는 감정이다"라고 말했다.

질투에 대한 인류 최초의 기록은 성경에 나온다. 아담과 하와는 두 아들을 두었다. 큰 아들 가인과 동생 아벨이었다. 가인은 동생 아벨에게 질투해서 들로 나가서 동생을 죽였다. 질투는 형제 사이도 갈라놓고 가장 심각한 범죄인 살인을 저지르게 했다. 길가메시 서사시에서 여신 이슈타르가 길가메시에게 사랑을 거절당하자 질투로 하늘의 황소를 풀어 사람들을 공격하는 이야기가 나온다. 이집트 신화에도 세트(Set)가 형 오시리스(Osiris)에 대해 질투심을 품고 그를 죽였다. 트로이 전쟁의 발단이 된 것도 미모 경쟁자에 대한 아프로디테(Aphrodite)의 질투 때문이었다. 이처럼 질투는 형제 가족 간, 사랑의 대상 사이, 권력과 지위를 둘러싼 관계 갈등의 근원이 되었다. 이것은 모든 사람이 사는 곳에서 일어나는 갈등의 주요 원인이 질투라는 것을 말해준다.

　질투는 주변 모든 사람을 경쟁 관계로 보는 것에서 생겨난다. 세상에는 두 가지 세계관이 있다. 진화론적 세계관과 창조론적 세계관이다. 진화론적 세계관에 따르면 출생부터 살벌한 경쟁이 시작된다. 수억 개의 정자 가운데 가장 힘세고 날렵한 정자가 모든 다른 정자와의 경쟁을 물리치고 가장 먼저 난자에 도달해 생명을 잉태한다는 것이 진화론적 세계관이다. 반면 창조론적 세계관에 따르면 모든 정자는 하나의 정자를 위해 봉사한다. 안전하게 하나의 정자가 난자에 도달하도록 다른 정자들이 벽을 만들어 주고 온기를 유지해 주는 희생을 통하여 생명이 시작된다는 것이다.

　실제로 세상의 모든 것은 서로에게 봉사하고 있다. 꽃은 벌에게 꽃가루를 선물해주고 벌은 꽃의 수정을 도와준다. 태양은 빛과 열을 주어 식물이 광합성을 하게 하고 식물은 산소와 먹거리를 제공하여 동물과 인간이 살아가도록 한다. 강은 흘러 바다로

들어가지만, 바다는 증발하여 비를 내리게 하고 다시 강을 채워 순환을 이루게 한다. 세포와 장기도 마찬가지이다. 뇌, 심장, 폐, 간 등은 각자 기능이 달라도 전체가 서로 살도록 돕는다. 심장이 멈추면 뇌도 살 수 없고 뇌가 멈추면 심장도 의미가 없어진다. 인체에 사는 미생물은 음식을 소화하고 면역을 돕는다. 인간은 그 미생물의 집이 되어 서로 의존한다.

  사람은 태어날 때부터 가지고 있는 특성과 개성 특기가 다르다. 각 사람은 독특한 존재로서 다른 사람과 차별되는 선물을 가지고 태어났다. 자신에게 없는 다른 사람의 것을 시기하고 부러워할 필요가 없다. 장미는 들국화의 향기와 색채를 부러워하지 않는다. 벌은 나비의 아름다운 색상을 시기하지 않는다. 참새는 비둘기의 크기와 우윳빛 날개를 투기하지 않는다. 자연은 모두 자신의 모습으로 빛난다. 인간만이 다른 사람의 재능과 성공을 질투한다. 인간 세상이 혼돈하고 차가운 이유가 거기에 있다. 어떤 사람이 밤하늘에 반짝이는 별과 달을 시기한다면 어떻게 될까? 달과 별은 시기와 경쟁 대상이 아니라 감사하고 감동해야 할 대상이다. 만약 달과 별을 질투하는 사람이 있다면 정상적인 사람이 아닐 것이다. 그것은 사람에 대해서도 마찬가지이다. 어떤 사람이 내가 갖지 못한 재능이 있다면 그것은 질투의 대상이 아니라 그 재능에 대해 감탄하고 응원해야 하는 대상인 것이다. 다른 사람의 재능을 질투하는 사람은 정상적인 판단을 할 수 없으며 마침내 그 질투의 불길에 삶을 태워버리게 될 것이다.

  나는 꽃의 향기와 색채를 기뻐하며 누린다. 어두운 밤, 머리 위에서 빛나는 별이 길을 밝혀주는 것을 감사한다. 어릴 적 밤하늘을 수놓던 별을 바라보며 상상에 사로잡혔던 기억과 몇 친구들과 차마고도 협곡몽경의 밤하늘에 가득했던 별을 바라보며 감동에 사로잡혔던 그 아름다운 기억을 잊지 못한다. 자연계의 별이든 인간에게서 반짝이는 재능의 별이든 그것은 우리의 삶을 아름답고 빛나게 하는 것이다. 결코, 시기할 대상이 아니다. 내 주변에는 뛰어난 친구들이 많다. 난 그들의 재능에 감탄한다. 그리고 그 재능의 조각을 조금이라도 맛보는 것에 대해 감사한다. 모든 사람에게는 반짝이는 재능이 있다. 어떤 사람은 세상에서 가장 아름다운 미소의 재능이 있고, 어떤 사람은 마음을 황홀하게 하는 노래의 재능이 있고, 어떤 사람은 맛있는 음식을 차려내는 솜씨 있는 손을 가지고 있고, 어떤 이는 정원을 아름답게 가꾸는 재능이 있고, 어떤 이는 믿음을 북돋우는 재능이 있고, 어떤 이는 사람의 몸과 마음을 이해하고 치료해주는 재능이 있다. 언급하지 않았지만, 세상을 밝혀주는 얼마나 많은 재능이 있는가! 그 재능들을 질투하지 말고 자신의 색상과 향기로 세상을 복되게 하는 것이 각자가 가진 소명이다. 이전의 많은 사람이 그들의 빛으로 내 삶을 밝혀주었듯이 나도 만나는 사람들의 삶을 밝혀주고 응원해 줄 수 있기를 소망한다.

특별 기고

박건호, 그는 누구인가?
숨은 이야기

김진원(시섬문인협회 명예회장)

박건호, 그는 누구인가?

불멸의 국민 작사가 박건호는 대한민국 7080 가요의 전설이다. 1949년 2월 19일 원주시 흥업면 사제리에서 태어나 원주중, 대성고를 졸업하였다. 그는 1972년 박인희가 부른 〈모닥불〉의 가사를 쓰면서 작사가로 데뷔했다. 수많은 히트곡의 작사가로 평범하게 쓰이는 일상적인 언어를 새롭게 소화해 친근하면서도 시적인 언어로 가사를 쓴 그는, 대중가요라지만 뜨겁게 앓고 있는 격정적 사랑과 삶의 이야기들을 진실하고 아름답게 그려냄으로써 당대 최고의 작사가라는 평가를 받았다. 그는 1974년 MBC 작사상, 1975년 MBC 올해의 최고인기상, 1982년 MBC 올해의 최고인기상, 1982년 KBS 가요대상 작사상, 1983년 가톨릭 가요대상 작사부문 수상, 1983년 최단기간 히트곡 〈잃어버린 30년〉 발표, 국내 작가 중 유일하게 기네스북에 등재, 1983년 KBS 제1회 가사대상 금상, 1984년 KBS 제2회 가사대상 대상,

1985년 한국방송협회 주최 '아름다운 노래' 입상, 1986년 국무총리 표창, 1986년 한국방송협회 주최 '아름다운 노래' 대상 등을 받았다. 1986년 올림픽조직위원회 〈아침의 나라에서〉, 1993년 대전엑스포 〈그날은〉, 1999년 동계아시아대회 〈영원한 우정〉 공식 주제가 작사 등 7, 80년대 각종 가요 차트에는 언제나 그가 쓴 노랫말들은 절반 이상이나 올라 있었고, 각종 가요상에서 작사 부문의 대상은 꼭 그가 받았다. 그가 쓴 노랫말들은 멜로디를 빼놓으면 그냥 한 편의 시였고 누구도 그것을 부정하지는 않았다. 그동안 발표한 노랫말들이 3천 편이라는 것도 그렇지만 그 내용들을 살펴보면 비슷한 것이 없다는 것이 종사자들은 놀라고 있다. 천재성은 그의 글에서 엿볼 수 있다.

"내 가사 중에는 즉흥적인 것이 많다.
　조용필이 부른 〈단발머리〉는 녹음실에서 썼고, 〈눈물의 파티〉는 작곡가 김기웅 선생과 스탠드바에서 술을 마시다가 썼고, 설운도가 부른 〈잃어버린 30년〉은 한밤중에 납치되다시피 끌려가서 썼다. 이러한 나의 버릇을 아는 가수나 작곡가들은 미리 가사를 부탁하지 않고 불쑥 멜로디를 내놓기도 한다. 즉석에서 가사를 써 달라고. '대중음악은 스테이크 장사가 아니라 냄새 장사다. 이것이 내 평소의 소신이다. 문득문득 스쳐 가는 아이디어를 잡아야지'..."《오선지 밖으로 튀어 나온 이야기》(박건호 저), 1994

그는 작사가 이전에 1969년 약관의 20세의 나이로 미당 서정주 선생의 화려한 서문이 담긴《영원의 디딤돌》이라는 시집을 출간한 바 있는 촉망받는 시인이었다. 본인의 말에 의하면 2년 정도만 가사를 쓰다가 다시 문학의 길로 들어서겠다고 결심을 한 것이 주위 사람들의 요청에 의하여 거의 반생을 가요계에 머물렀다고 한다. 1989년에 접어들자 어려웠던 생활이 좀 펴지나 싶더니 그 해 초 뇌졸중으로 쓰러지고 말았다. 그때부터 박건호 시인은 잃어버렸던 문학의 꿈을 생각하게 되었고 시(詩)로써 제2의 인생을 출발하려 했었다. 그런데 오랫동안 가요 가사를 써온 그의 업적은 인정하면서도 '시단'에서는 그를 환영하지 않았다. 그때 환영받지 못하는 '시단'에서 천대를 받고 있음을 피부로 느끼면서도 꾸준히 시를 써왔다. 그리고 애써 그를 폄하하려는 사람들 속에서 건강하지 못한 몸을 관리하면서 아픈 세월을 살았다.

1992년 여름, 다시 뇌졸중 증상의 하나인 시신경 장애로 잠시 동안 눈이 안 보이기도 했다. 그리고 이어서 어려서부터 앓아온 만성신부전의 악화로 신장이식도 했고 심근경색으로 인해 심장수술도 했다.

필자는 2006년 초 어느 날 송파구 가락동 그의 사무실을 찾아 파란만장한 추억을 나눴다. 신장염을 앓고 난 후 얼굴이 많이 부어 있는 박건호 시인은 매킨토시를 이용해 시섬 시선 3《시의 고향 아닌 곳 어디 있으랴》를 만들고 있었다. 그는 가요계에 있는 친구들과 어울리면서 본의 아니게 노랫말을 쓰게 됐고, 2년 동안 생활할 수 있는 돈을 벌어 아무도 없는 곳에 들어가 시를 쓰려고 했지만 한번 발 들여놓은 가요계에서 쉽게 빠져나올 수 없었다. 끊임없이 들어오는 가사 주문 때문에 떠밀려 작사 일을 해야 했다고 한다. 그렇게 유명세를 타던 1974년에 그가 작사한 가요 〈인어 이야기〉로 문화방송에서 주최한 작사상을 받게 됐는데 그는 "양복이 없어 시상식장에 못 나간다"라고 했다. 그러나 진짜 이유는 작사가로 이름이 알려지기 싫어서였다고 했다. 방송에서 작사가로 이름이 알려지면 문인으로 활동한다 해도 모두 '작사가 덕' 또는 '작사가이기 때문에'라는 꼬리말이 따라다닌다는 걸 알고 있었기 때문이다. 그만큼 순수문학을 하고 싶어 했던 그는 작사가로 이름이 알려지면서 문학과 거리가 더 멀어지는 것 같아 슬펐다고 했다. 80년대 들어 문학에의 열정은 조금 식었다. 가요 〈잊혀진 계절〉이 급부상하던 시기 군부 정치 당시 모든 가요 앨범에 '건전가요'를 의무적으로 넣어야 했던 우울한 시절. 박 작사가도 사회정화위원회로부터 주인의식을 함양한 노래를 만들어달라는 요청을 받았다. 그러나 그는 정화위원회 주도가 아닌 본인 스스로 건전가요를 만들겠다고 다짐했다. 그렇게 해서 탄생한 노래가 〈아! 대한민국〉이다. '정부를 위한' 가요가 아닌 '국가를 위한' 건전가요를 만들게 된 것이다.

신혼 초 한강변에서 살았던 그는 한강에 유람선이 떠 있으면 좋겠다는 상상을 했고, 그러한 이상이 결국 노래에 옮겨진 것이다. '83년 만들어진 이 노래는 도산 안창호 선생의 애국애족 정신을 고쳐시키기 위해 만들었다고 박 작사가는 설명했다. 담소 중 그가 한 말이 인상적이었다.

"내가 아무리 좋은 시를 쓴다고 해도 나는 시인이 아니라 작사가로 남을 것을 압니다. 그러나 내가 시를 쓰는 것은 죽을 준비를 하는 것입니다. 솔직히 말해서 나는 작사가뿐 아니라 시인으로도 남겨지기를 원합니다. 노랫말로 남겨진 글들이 대중적인 것을 어느 정도 계산했다면 시는 나의 인생이기 때문입니다." ─ 박건호

그리고 그의 바람은 분명했다.

"사람은 영생하는 길이 두 가지가 있다고 합니다. 하나는 종교인들이 말하는 내세관이고 또 하나는 그리운 사람들의 가슴에 추억으로 남는 것이라고 합니다. 나는 내 작품을 읽고 공감하는 사람들을 종적인 인간관계에서만 찾으려고는 하지 않습니다. 먼 훗날 내가 이 세상을 떠난 후에라도 내 작품을 읽고 공감하는 사람들이 있다면 얼마나 편안하게 잠들 수 있겠습니까?" ─ 박건호

그는 시인으로서도 꾸준히 작업하여 《영원의 디딤돌》(성문각, 1969), 《타다가 남은 것들》(다다, 1989), 《물의 언어로 쓴 불의 詩》(다다미디어, 1994), 《추억의 아랫목이 그립다》(사임당, 1996), 《고

독은 하나의 사치였다》(박우사, 1996),《기다림이야 천년을 간들 어떠랴》(춘광, 1997),《나비 전설》(토우, 1998),《모닥불 이후》(토우, 2001),《유리 상자 안의 신화》(시지시, 2003),《딸랑딸랑 나귀의 방울소리 위에》(모닥불, 2006),《그리운 것은 오래전에 떠났다》(한누리미디어, 2007) 11권의 시집과《그 눈물은 지금도 마르지 않았다》(현대악보출판사, 1985),《모닥불》(다다, 1989),《철새의 편지》(다다, 1989),《콩나물에 뿌린 물빛 사랑》(토우, 1999) 4권의 가사집, 그리고《오선지 밖으로 튀어나온 이야기》(술래, 1994),《시간의 칼날에 베인 자국》(춘광, 1997),《나는 허수아비》(한누리미디어, 2007) 3권의 에세이집과《너와 함께 기뻐하리라》(하늘, 1996) 투병기를 출판했다. 삶에 대한 깊이 있는 관조, 절절한 사랑의 해후와 이별, 예리한 통찰과 사회풍자 등을 담은 다양한 시와 산문이 실려 있다. 시섬 동인 신지혜 시인(미국 뉴욕 거주)은 박건호 시집에 시해설 '불굴의 시혼과 파노라마의 시세계'를 썼다.

"박건호 시인은 그간 치열한 시정신과 열정으로 매년 시집을 발간하여 그 시세계를 열어왔으며 다양한 파노라마의 비경을 우리 앞에 꾸준히 펼쳐 왔다. 또한 대한민국 대중가요를 무려 3천여 곡 이상을 발표했으니, 그 역량은 가히 초인간적이라 할 수 있다. 그러나 그의 크나큰 시대적 역량의 기저는 무엇보다도 그가 천부적으로 타고난 시인이었다는 점이다. 박건호 시인은 삶과 죽음의 간극을 넘나들며 뼈아픈 고통과 삶을 몸소 체험한 시인이기도 하다. 그리하여 누구보다도 삶과 인생에 대한 관조의 시각은 더더욱 남다르다. 그의 무엇에도 흔들리지 않는 강한 시의 뜨거운 열정과 애정은 잠시라도 멈춤을 허락하지 않는다. 그러기에 그의 시편들은 읽는 이의 가슴에 감동의 회오리를 몰아치지 않는가 싶다. 그러한 생사의 역경과 와중에도 박건호 시인에게 극복의 에너지를 끊임없이 준 것은 다름 아닌, 시인의 내면을 들끓게 하는 마그마적 시혼의 강력한 힘이었던 것이다." ― 박건호 시집 《그리운 것은 오래전에 떠났다》 2007.

박건호 시인은 비상한 기억력과 암기력의 소유자였다. 전화번호뿐 아니라 다른 시인들의 작품까지 줄줄이 외어대고 특히 보들레르, 릴케, 랭보, 바이런 등 세계적인 시인들의 작품을 훤히 꿰고 있다가 거침없이 읊어대는 타고난 천부적 능력이 있었다. 그와 만남에서 그런 점이 부러웠다. 경이로운 그는 아름다운 자연을 노래하고 우리나라 분단의 잃어버린 슬픔을 달래주는 노래를 만들어 국민들을 위안하고 7080 시대에 꿈과 희망의 가요대전을 열어주었다. 그는 시인으로 남기를 원했지만, 작사가의 길을 걸었다. 그의 삶이 순탄하지만은 않았다. 수차례 삶과 죽음의 간극을 넘나들며 뼈를 깎는 병마의 고통과 가슴 시린 삶에의 희망을 함께해 오던 박건호! 대중문화의 꽃밭인 가요계에 몸담아 젊은이들에게는 꿈과 희망을, 중장년에게는 주옥같은 노랫말로 아름다운 향수를 안겨준 그가 과로로 인한 뇌졸중, 만성신부전증의 악화로 매주 두어 차례 겪어야 했던 혈액 투석, 그 연장선상으로 신장 이식수술과 심장관상동맥 이식수술로 사경을 헤매야 했던 그가 꿋꿋하게 살아나 새로운 활동을 재개했었는데, 다시 수술을 받고 중환자실에서, 일반실에서 자택으로 퇴원을 했다는 반가운 소식을 듣자마자 예기치 못하게 2007년 12월 9일 운명했다. 함께 문학을 나눈 시섬문인들이 앞장서 발인하기 전날 '예술의 전당'에 작사가 박건호 시인 이름을 올렸다. 그 후 100일을 맞아 박건호 추모시집 《타오르는 모닥불 짙어가는 향기여!》를 출판하고, 매년 그를 추모하는 동인지를 출판하고 있다. 금년에 시섬동인지 제22집 《우리들의 겨울 아침에》를 출판하기에 이르렀다. 시섬문인협회 최미정 회장은 지난 2024년 12월 9일 국민작사가 박건호 시인 서거 17주년을 맞이하여 추모시와 글을 모아 '박건호 시인 추모방'을 만들어 추모했다. 또한, ㈜박건호기념사업회가 발족되고, 강원도 원주시 무실동에 '박건호 공원'이 세워졌으며, 공원 내에 '박건호 노랫말비'가 세워졌다. 2009년에는 '박건호 노랫말 공모전'을 개최하였고, 매년 박건호를 기리는 '박건호 가요제', '음악회', '백일장', '박건호 세미나', '시낭송회' 등 행사를 하고 있다. ㈜박건호기념사업회(김종태 이사장)는 지난 6월 15일에 '2025년 전국 박건호 기념 백일장'을 개최했다. 822명이 응모했고, 대상, 최우수상, 우수상, 장려상, 가작 등 5개 부문 32명의 초·중·고 학생들의 작품을 시상했다. 강원 강릉시 경포고등학교 2학년 정영빈 학생이 대상의 영예를 안았다. 작년에 이어 2025년 11월에 '제2회 박건호음악회'를 개최한다.

숨은 이야기

하나, 박건호 어린시절 배경과 학창시절의 활동

박건호 부친이 부자였다. 그래서 가난했던 어머니 집에 논마지기를 좀 주고 데려왔다. 부친은 원주 시내에 당시 '금풍여관'을 자비로 건축할 정도로 부자이셨다. 여관을 건축하고 얼마 후 지병으로 일찍 돌아가셨다. 박건호는 무슨 사정인지 늦은 아홉 살에 국민학교에 입학했다. 그는 문학소년으로 원주중과 대성고교를 다니면서 문학반을 결성하고 시를 썼다. '문학의 밤' 행사도 기획하고 준비하는 일을 혼자 다 했다. 대성고등학교 1학년 18세 박건호 책가방에는 교과서적 대신 문학책으로 가득했던 학창 시절이었다. 강원지방의 흥사단 운동으로 1966년 5월, 원주시 대성고등학교에 근무하던 김원영 선생님의 지도로 고등학생 원주아카데미가 창립됨으로써 시작되었는데 원기 왕성하고 창의적 활동에 목말랐던 학생 박건호는 아카데미 프로그램을 통해 제한적이기는 하지만 그의 꿈꾸는 이상과 끼와 주체할 수 없는 기상을 펼칠 수 있었다.

YKA / 박건호 작사

여기 조국을 사랑하는 동지들이 모였네, 우리 변치 말자 YKA 자, 이제 저기 날아가는 기러기를 보면서

우리 변치 말자 YKA 점점 뜨거워지는 가슴이여 YKA
여기 펄럭이는 깃발 아래 동지들이 모였네
자, 이제 동맹수련 속에 맹세했던 그 뜻을
우리 변치 말자 YKA 점점 뜨거워지는 가슴이여 YKA
　―《강원흥사단 50년》 2022년 7월 발간사에 소개된 흥사단을 위한 노래가 소개되어 있다.

둘, 조용필 노래 비하인드 스토리

"새벽 한 시 멀리 L.A.에서 전화가 걸려 왔다. 미국을 순회하며 공연하고 있는 조용필 씨로부터였다. 조용필 씨는 대뜸 미국에서 만날 수 없느냐고 물어왔다. 이 뜻밖의 질문을 받고 잠시 망설이고 있는데, 조용필 씨는 작은 목소리로 하나의 멜로디를 들려주었다. 나는 당장이라도 달려가서 그 멜로디에다 노랫말을 붙여주고 싶었지만 일단은 다시 통화를 하기로 하고 전화를 끊었다. 그리고 며칠 후에 도쿄에서 걸려온 조용필 씨의 전화를 받았다. 음악생활 20주년을 맞은 조용필 씨는 우리 대중들에게 또 다른 모습을 보여주기 위해 세계 구석구석을 누비면서 그 느낌들을 음악으로 표현하고 있었던 것이다. 그러나 우리는 도쿄에서도 만날 수가 없었다. 갑자기 밀어닥친 여러 가지 일들이 나를 꼼짝할 수 없게 만들었기 때문이다. 서울로 돌아온 조용필 씨는 가사가 없는 두 편의 멜로디를 나에게 주었다. 〈모나리자〉와 〈목련꽃 사연〉은 그가 겪은 고통의 절반에도 미치지 못하는 작품인지 모른다. 그러나 나는 알고 있다. 그는 내가 표현한 것의 열 배 이상을 표현해낼 수 있는 가수라는 것을... 그동안 조용필 씨는 내가 준 작품을 단 한 편도 그냥 잊혀지게 하지는 않았던 것이다."―《오선지 밖으로 튀어나온 이야기》(박건호 저), 1994

그렇게 만들어진 〈모나리자〉와 〈목련꽃 사연〉은 음악생활 20주년을 기념하는 1988년 5월 20일에 발매된 조용필 10집 음반에 실었다. 그리고 1992년 10월 1일에 발매된 조용필 14집 2번 트랙으로, 박건호 작사, 조용필, 김영균 작곡, 조용필 편곡의 발라드곡으로 이 앨범에서는 〈슬픈 베아트리체〉, 〈고독한 Runner〉가 사랑을 받았다. 이 곡의 전주에 나오는 현악기는 '이호'라는 중국 전통 악기다. 지난 1988년 우리나라 사람으로서 최초로 중공에서 공연을 가졌던 조용필은 이 악기를 처음 접했고, 연주를 녹음했다. 이후 1992년 정식으로 수교가 되면서 곡을 발표했다. 이 앨범의 정식 발매 전 이 곡이 방송에서 선공개된 적이 있었는데, 당시는 지금의 제목이 아닌 〈나그네 사랑〉이라는 제목과 완전히 다른 가사, 일부 다른 멜로디였다. 이것에 대해서 이 곡을 작사한 박건호 시인이 자신의 책에서 자세히 밝혀놓고 있다.

"한번은 조용필로부터 전화가 왔다. '이호(二胡)'라는 중국 악기를 사용하여 음악을 만들었는데 가사를 붙여 달라는 것이었다. 당시 나는 일주일 후에 미국(뉴욕)으로 공부하러 떠나려고 하던 중이라 망설여지지 않을 수 없었다. 작곡가 김영광 씨가 부탁한 2편의 가사와 일요신문에 연재할 2회분의 원고와 문학사상에 발표할 수필들이 밀려 있었다. 거기에 또 몇 편의 가사를 더 쓴다는 것은 무리가 아닐 수 없었다. 그러나 나는 알았다고 하며 멜로디를 가지러 그가 녹음하고 있는 스튜디오로 갔다. 그는 나에게 그냥 허밍으로 부른 3편의 멜로디와 악보를 건네주면서 가사가 되면 그중에 한 편은 8일 1시까지 KBS 토요대행진 녹화장으로 보내달라고 했다. 가사를 보고 즉석에서 노래를 하겠다고 한다.

조용필다운 발상이었다. 가사를 보고 방송에서 노래한다는 것은 다른 가수로서는 생각할 수도 없는 일이기 때문이다. 가사가 어떻게 나올지도 모르고 또 가사가 나왔다고 해도 그것이 입에 붙으려면 며칠 동안 연습을 해야 하기 때문이다. 그러나 나는 조용필을 믿고 있었다. 다른 사람이 여러 달 걸려 연습하는 것보다도 그가 한번 보고 부르는 것이 더 낫다는 것을 나는 경험으로 이미 알고 있기 때문이다. 다만 내가 멜로디에 적합한 가사를 하루 만에 만들 수가 있느냐 하는 것이 문제였다. 조용필의 입장에서는 그렇게 믿었으니 부탁을 했겠지만 부탁을 받은 내 입장에서는 여간 긴장이 되는 일이 아니었다. 무드가 잡히지 않는다고 포기할 수도 없는 일이었다. 나는 호텔을 잡아 밤을 새가며 녹음테이프를 수십 번도 더 들었다. 날은 부옇게 밝아 오는데 한 마디의 말도 떠오르지 않았다.

"… 이상하게 조용필이 부른 내 가사는 긴 시간을 두고 만든 것들이 별로 없는 것 같다. 〈단발머리〉는 녹음실에서 취입 한 시간 전에 써놓고 성의 없다고 할까봐 도망치듯 나왔다. 〈눈물의 파티〉는 작곡가 이범희와 함께 지구 레코드사로 가는 차 안에서 만들었다. 〈마도요〉라는 노래도 그런 범주에 속한다. 내가 즉흥적으로 만든 가사가 오히려 큰 히트를 했다는 이유 때문에 갑자기 가사를 부탁하는 사람들이 많다. 그러나 그것은 잘못된 생각이다. 늘 가사에 대한 생각으로 가득차 있다가 어떤 순간에 튀어나왔을 뿐이다. 여하튼 이튿날 나는 '나그네 사랑'이라는 가사를 들고 분장실로 갔다. 우선 그 가사로 방송에서 노래했고 그 이튿날 우리는 가사와 멜로디를 부분적으로 뜯어 고쳤다. 제목은 '이호의 사랑'이라고 했다. 그와 나는 물론 주위의 모든 사람들이 만족해 했는데 오늘 생각하니 '바람 같은 정'이라는 구절을 '구름 같은 정'이라고 바꾸고 싶다. 그런데 오늘은 일요일. 내일 아침 일찍 떠나야 하는데 미국에 가서 사무실로 전화를 하면 임시 취입이 끝났을지도 모를 일이다." —《오선지 밖으로 튀어나온 이야기》 (박건호 저), 1994

박건호 작사 〈단발머리〉는 1980년 해외에서 인정받은 레트로 케이팝 히트송 1위. 조용필 발표곡 242개 중에 앞서가는 노래로 미국에서도 인기곡이었다. 그 외 박건호 작사로 여러 히트곡이 있다. 〈모나리자〉, 〈슬픈 베아트리체〉, 〈고독한 Runner〉, 〈돌고 도는 인생〉, 〈외로워 마세요〉, 〈눈물의 파티〉, 〈이호의 사랑〉, 〈마도요〉 등…

조용필은 月刊朝鮮 설문조사 한국의 현역 작사가·작곡가 1백인이 뽑은 '20세기 한국 최고의 가수'에 이름을 올렸다.

셋, 라이벌인 남진과 나훈아

가요계에서 가장 선망받는 두 가수가 있는데, 서로 라이벌이었던 남진과 나훈아를 가황이라고 가요계는 인정한다. 그런데 이들 또한 박건호 작사한 노래를 불렀다는 사실이다. 박건호는 대성고를 졸업하자 혈혈단신으로 서울로 상경했다. 어느 정도 자리를 잡으면서 그는 두고 온 고향과 어머니를 그리워하며 1975년에 작사한 〈고향길〉을 남진이 불렀는데 대표적이었다. 이에 질세라 나훈아도 〈고향집 어머님〉 박건호 작사 노래를 불렀다. 이 노래는 고향집 어머니를 그리워하고 보고 싶어 하는 마음 그대로 박건호 시인이 작사했고 나훈아가 곡을 받아서 불렀다.

작사가 박건호 시인의 작사한 곡을 나훈아와 남진이 부른 노래도 다수가 있다는 것은 매우 소중한 자료로 보인다. 나훈아는 묵직하고 중후함이 느껴지는 저음과 특유의 절묘한 고음, 이를 활용하면서 나오는 전매특허인 꺾기로 대표되는 그의 특유의 창법은 가요계에 엄청난 충격을 가져왔으며, 우리나라 최고의 가수 나훈아는 본인이 작사·작곡을 한 노래가 대부분인데 대한민국 대표 작사가 박건호 시인에게 곡을 받았으니 이 또한 기록에 꼭 남길 작품이 아니겠는가. 훗날 '박건호기념관'에서 자료를 사용할 수 있기를 바라면서 시섬문인협회 카페 '박건호 시인 자료방'에 박건호 시인이 작사한 곡을 노래한 수많은 가수의 노래(영상)를 올렸는데, 그중에 나훈아와 남진의 노래도 다수 있다.

넷, 기네스북에 오른 〈잃어버린 30년〉 작사

KBS 본관 앞에는 생사조차 모르는 헤어진 가족을 찾기 위해 피켓을 들고 다니기도 하였고 피켓을 가슴과 등에 매달고 다니기도 하였다. 종이에 슬픈 사연을 써서 바닥에 펼치고 가족을 찾는 벽보를 여기저기에 붙였었다. 1983년 6월 30일부터 11월 14일까지 138일 동안 총 453시간 45분을 생방송으로 진행되었습니다. 이산가족 찾기 생방송은 유네스코 기록유산으로 등재되었다.

"비가 오나 눈이 오나 바람이 부나 그리웠던 삼십 년 세월 의지할 곳 없는 이 몸 서러워하며 그 얼마나 울었던가요"

임진각 '망향의 노래비' 〈잃어버린 30년〉은 박건호 작사, 남국인 작곡, 설운도가 부른 노래로 하루 사이에 노랫말을 만들었고 녹음까지 하여 '이산가족 찾기' 배경음악으로 무명가수 설운도가 불러 그는 최고의 스타가 되었고, 최단기간에 가장 많이 불린 곡으로 기네스북에도 올랐다. 이산가족은 1945년 해방과 1950년 6월부터 1953년 7월까지 한국전쟁으로 남한과 북한에서 따로 떨어져 생사를 알지 못하는 사람들이다. 정권에서 하지 못한 이산가족 찾기를 방송사에서 시작하여 10만 952건이 신청되어 5만 3,536건이 소개됐고, 10,189명이 상봉했다. 1985년 서울과 평양에서 고향방문단 및 예술공연단 교환과 남북 이산가족 65명이 상봉에 성공했다.

다섯, 〈잊혀진 계절〉 에피소드

이용의 〈잊혀진 계절〉은 박건호 시인이 1982년 이별의 아픔을 글로 직접 적어서, 역시 1980년대 히트곡 제조기라는 별명을 지닌 작곡가 이범희에게 건네준 것을 이용이 불러 대중 가요사의 역사를 다시 쓴 노래가 되었다. 1980년대 한국 가요사는 조용필의 시대라 해도 과언이 아니었다. 1980년 〈창밖의 여자〉로 가요계를 평정한 조용필은 1986년까지 가수왕의 자리를 1982년 딱 한 번을 제외하고 그 왕좌를 자리를 지켰는데, 그 한 번이 바로 이용의 〈잊혀진 계절〉이었다. 이용의 이 노래는 1982 MBC 최고인기가수 가요상, 1982년 '가요톱10' 5주 연속 1위를 차지하면서 조용필을 제치고 그 해 연말 가수왕 자리를 거머쥔다. 이용은 이 노래로 1982~1984년 각종 방송사 상을 다 휩쓸었다.

재미있는 에피소드가 있다. 그 유명한 '시월의 마지막 밤'이라는 가사는 원래 '구월의 마지막 밤'이었다. 가수도 이용이 아닌 조영남이었다. 녹음까지 다 마무리했는데, 이런저런 이유로 노래가 이용에게 넘어왔다. 이 때문에 앨범 출시가 미뤄졌고, 다시 녹음하느라 가사를 바꿨다. 그래서 9월이 10월로 바뀐 것이다. 곡 주인은 따로 있다고, 훗날 조영남이 아쉬워해도 어쩔 수 없는 일이었다. 이 노래는 또 하나의 특이한 기록을 갖고 있다. 10월의 마지막 날, 전국 방송망에서 100회 이상씩 방송되는 진기록이 그것이다. 단일국가 내 단일곡의 일일 방송 횟수로 기네스북에 오를 정도다.

여섯, 나미의 〈빙글빙글〉

해외에서 인정받은 히트송 85년
외국인이 좋아하는 케이팝 1위곡

박건호 작사 〈빙글빙글〉은 당시로서는 대단히 감각적이고 세련된 댄스곡이었다. 1985년 3월 KBS '가요톱10'에서 5주 연속 1위를 차지해 골든컵을 수상했다. 그 해 나미는 KBS 가요대상의 여자가수상 후보에 오르고 MBC 10대 가수상을 수상하며 스타덤에 올랐다. 나미는 7살에 미8군 부대에서 데뷔. 태어나서 단 한 번도 학교를 다닌 적이 없는 무학이며 사실상 태어나면서부터 가수의 길로 뛰어들었다. 1956년생인데 1967년에 데뷔했다. 아주 어린 나이에 데뷔. 동두천시 출신 아버지가 미군 부대 앞에서 레코드 가게를 했기 때문에 아주 어릴 때부터 음악과 친숙했다고 한다. 아버지 가게를 들락거리는 밴드 마스터들과도 어릴 때부터 안면을 트고 친해졌다. 나미는 밴드 마스터들과 친분이 있었기 때문에 데뷔 이후에는 여성 5인조 브라스밴드에서 활동도 했는데 종목은 소프라노 색소폰이었다. 이후 나미는 호텔과 클럽을 돌아다니며 공연을 했고 소공동 조선호텔에 공연하러 갔다가 이탈리아의 뮤지션인 프랑코 로마노를 만나게 되었는데 나미는 프랑코 로마노의 도움으로 1979년 〈영원한 친구〉로 한국 가요계에 정식으로 데뷔하게 되며 많은 인기를 끌었다. '나미와 머슴아들'이라는 밴드를 하기도 했는데 바로 프랑코 로마노가 나미를 위해 결성해준 밴드였다. 그러나 나미를 후원해주고 프로듀싱을 해주던 프랑코 로마노가 1980년대 초반에 병으로 사망하면서 나미는 낙동강 오리알 신세가 되었고 이로 인해 나미는 큰 반응이 없이 가수 생활을 이어갔다. 박춘석 사단의 태양음향으로 넘어가 마지막 인사를 히트시켰으나 다음 앨범 NAMI 83의 〈기다림은 멀어라〉의 인기는 짧았다. 그러다가 1984년 〈빙글빙글〉을 발표하며 나미는 완전한 히트 가수 반열에 올라가게 된다. 이어서 〈인디언 인형처럼〉도 KBS '가요톱10' 연속 5주 1위를 했다.

일곱, 정수라가 부른 최고의 히트곡은 원곡자가 따로 있었다

〈도시의 거리〉는 박건호 작사, 하춘화 노래(1983년)였다. 이 노래를 2년 후에 정수라가 오아시스 레코드사에서 취입했다. 이 노래는 정수라를 톱가수로 올려놓았다. 1985 KBS 가요대상 여자부문 대상 그랑프리 영예를 얻게 했다. 그리고 〈아! 대한민국〉

원곡 가수는 김현준과 민해경이었다. 김현준 독집 앨범에 〈아! 대한민국〉 박건호 작사 곡이 있는데 평화 통일 정책 자문위원회의 요청으로 김현준과 민해경에게 의뢰가 들어왔고, 두 사람은 제안을 받아들여 급하게 녹음하여 1번 트랙에 위치시켰으나, 민해경의 일본 활동으로 이 노래는 정수라에게 돌아갔다.

"하늘엔 조각구름 떠 있고
강물엔 유람선이 떠 있고
저마다 누려야 할 행복이
언제나 자유로운 곳"

건전가요 보급 프로젝트로 1983년 7월 '즐거운 우리들의 노래'라는 음반이 나왔는데, 이 음반에 정수라는 장재현과 함께 〈아! 대한민국〉, 〈우리의 땅〉 2곡을 노래했고, 이후 오아시스 레코드에서 정수라 정규음반을 홍보하기 위해 〈아! 대한민국〉 음반을 재발매했을 때는 정수라가 솔로로 녹음했다. 이 노래는 KBS '가요톱10' 연속 5주 1위를 했다. 그 후 〈난 너에게〉 1986년에 KBS 연속 5주 1위, 가요대상 여자부문 대상, 〈환희〉 1988년에 통산 8주 1위를 했다.

여덟, 민해경 히트곡 중 에피소드를 남긴 작품들

민해경의 〈어느 소녀의 사랑 이야기〉는 박건호 작사. KBS '가요톱10' 연속 3주 1위. 1981년 박건호가 프로듀서로 참여한 앨범이다. 전곡의 작사를 박건호가, 작곡을 이범희가 디렉팅한 앨범의 타이틀곡으로 원래 박건호가 가사를 쓸 땐 정미조를 위하여 〈사랑에 빠진 여인〉이란 제목으로 정미조 귀국 앨범으로 기획하여 만들었지만 정미조가 다시 유학을 가는 바람에 부르지는 못했다. 1981년 급히 제목을 민해경 나이에 맞게 〈어느 소녀의 사랑 이야기〉로 제목이 고쳐졌다. 이 앨범으로 민해경은 처음 데뷔 이후 MBC 1981년 10대 가수 가요제 신인상을 거머쥐게 된다.

또한, 〈내 인생은 나의 것〉 박건호 작사, 민해경 노래는 당시 '가요톱10' KBS 2 TV를 통해 방송되었던 대중음악 순위 프로그램으로 1981년 2월 10일부터 1998년 2월 11일까지 방송되었던 프로그램으로 1위에 올랐던 곡은 '가요톱10'에서 역대 1위 곡으로 30번 기록이다. 그리고, KBS1로 개편된 '가요톱10'에서 민해경 〈내 인생은 나의 것〉이 4주 연속 1위를 차지했다. 그러나 "내 인생에 간섭하지 말라"는 의미의 가사 때문에 학부모들의 항의가 빗발쳐 방송 금지곡이 되면서 골든컵을 수상하지 못한 비운의 곡이 되었다.

그 후, KBS TV 청소년 드라마 '고교생 일기' 주제가를 박건호 시인이 작사하고 민해경이 불렀다. 이 드라마는 1983년 3월 30일부터 1986년 10월 31일까지 3년 6개월간 장기 방영하는 진기록을 남겼다.

1983년 제1회 'L.A.가요제'에서 〈그대는 나그네〉 박건호 작사,

민해경의 노래가 그랑프리와 우수 가창상을 수상했다. 이 노래는 1981년 9월에 발표된 2집 앨범에는 〈그 언제 오려나〉 박건호 작사로 최초로 발표했던 노래인데, 1983년 'L.A.가요제'에 참가할 때 제목을 〈그대는 나그네〉로 바꿨고, 이 대회에서 그랑프리를 수상한 후 수상 기념앨범에도 〈그대는 나그네〉란 제목으로 다시 실었다. 그러나 같은 해 1983년 6월 전영록의 앨범에 〈만남에서 헤어짐까지〉라는 곡이 실렸는데 알고 보니 이 곡은 민해경이 불렀던 〈그대는 나그네〉와 같은 곡이었다. 작곡자인 이범희가 같은 곡을 민해경 측과 전영록 측 양쪽에 팔아버린 건데 히트는 나중에 발표한 이건우 작사, 전영록의 곡이 더 알려지게 되었고 이에 먼저 가사를 붙여 발표했던 작사가 박건호가 이범희에 대해 상당히 불쾌해했던 에피소드를 남긴 작품이다. 작사가 박건호와 작곡가 이범희는 〈잊혀진 계절〉을 비롯한 80년대의 무수한 히트작들을 함께 만들었던 콤비 작사, 작곡가였다.

  1990년 〈사랑은 이제 그만〉 박건호 작사, 민해경 노래는 KBS1 '가요톱10' 연속 5주 1위 골든컵을 수상하였고, 1990년 MBC '여러분의 인기가요' 총 6주 1위, 1990년 '제10회 ABU 국제가요제'에서 〈보고 싶은 얼굴〉로 한국 가수 최초로 대상인 최우수가수상을 수상했다.

아홉, 패티김 - 연속극 주제가

  〈빛과 그림자〉 카세트테이프, 사진, 아티스트 이름도 없는 연속극 주제가 수록곡 모두 이미 공개된 패티김 노래였지만… 그중에 〈빛과 그림자〉는 박건호 시인이 작사한 곡인데 어떤 이유인진 모르겠지만 이 곡은 유튜브와 스트리밍에서 모두 사라져 있다.

빛과 그림자/ 박건호 작사

사랑은 나의 행복 사랑은 나의 불행
사랑하는 내 마음은 빛과 그리고 그림자
사랑은 나의 천국 사랑은 나의 지옥
사랑하는 내 마음은 빛과 그리고 그림자
그대 눈동자 태양처럼 빛날 때
나는 그대의 어두운 그림자

박건호 작사, 박춘석 작곡의 〈빛과 그림자〉이다. 노래는 최희준도 패티김도 불렀다. 사랑이 진한만큼 이별의 슬픔도 그만큼 가중되고 빛이 강할수록 그림자는 짙게 마련이다.

열, 박건호 시인의 유작

1. '구로구' 사랑하는 마음 담은 〈구로에 오시면〉 작사가 남겨 있다.

'예인회'의 원년 멤버인 '대한민국 작사가' 박건호는 지인 김유권 시인의 활동 무대인 구로구를 유난히 사랑했다. 시간만 있으면 '구로오늘신문사'에 들러 바둑을 두거나, 문향을 불태우며 구로구 전역을 탐방했다. 그 결과 〈구로에 오시면〉이라는 노래를 작사하기도 했다. 미발표 유작 노래 작사로 이대헌 작곡인 〈구로에 오시면〉은 누구나 한번 노래를 들으면 구로에 대한 사랑에 푹 빠질 정도로 지어졌다.

"구로에 오시면 알아요.
내가 무얼 해야 하는지
처음 이곳에 왔을 때는
나 할 일을 몰랐지만

구로에 오시면 알아요
꿈을 펼쳐가는 지혜를
여기저기 거리를 헤매며
인생을 알았답니다

당신을 만나서 사랑을 하고
추억을 남겨둔 이곳
우리의 손으로 만드는 것은
무엇이건 아름다웠죠
구로에 오시면 알아요
행복이 무엇인가를
내 아들딸 이곳에서
둥지 틀고 천년만년 살아가거라"

2. '하동의 섬진강' 글 발견

박건호 작사가가 하동 방문에서 쓴 글이 2010년에 발견되기도 했다. '하동의 섬진강'이란 제목으로 쓴 글은 박건호가 2005년 8월 19일 하동신문에서 주관하고 하동공원에서 개최된 '하동신문 창간 10주년 기념 7080 포크페스티벌' 행사에 참석차 하동을 방문한 길에 쓴 것이다.

"바다가 마중 나왔다가 천천히 모셔가고 있었다.
그것을 지켜보기 위하여 우리는 뜬눈으로 밤을 새웠다.
맨 처음 바다와 강이 만나는 것을 보고 모두들 입을 모아 별로 맑지는 않다고 했는데, 웬걸 한 척의 작은 배가 지나간 뒤에 저 멀리 지리산 꼭대기를 향해 안개가 걷히더니, 강은 자연이 준 모습 그대로 맑은 심성으로 흐르는 것이었다.
섬진강이 하동에서는 천천히 흐르기도 하고, 빨리 흐르기도 하는 것은 언제부터였을까?
직업이 평론가라 꼬투리 잡기 좋아하시는 임백천 선생님의 말수가 점점 적어진 것은 바로 그때부터였다.
이필원 형은 소리 없이 기타를 집어 들었다. 강물은 그의 손끝으로도 흐르는 것이었다. 수십 년 떠돌던 도시생활에서 만들어내지 못하던 소리가 섬진강 새벽 강변에서 저절로 울려 나온다는 사실을 이제야 터득한 것일까.
우리는 진종일 섬진강을 빙빙 돌며 이 물을 마시고 자란 숱한 사람들과 만났다가 헤어졌는데 그래도 따라오는 섬진강 때문에 다시 남도를 향해 발길을 돌렸다."

3. 박건호 유작시가 가곡으로 발표되었다.
〈제니의 연가/ 박건호 詩〉를 가곡으로 부른 소프라노 임청화 교수가 13년 만에 받은 〈내 사랑은 한순간의 꿈〉 박건호 작시다.

"박건호 선생님(아! 대한민국·모닥불 작사가)께서 어느 작곡가에게 곡을 의뢰했었다는 이야기는 들었었다. 잊고 살았던 나에게 오늘 13년 만에 박경규 작곡가님으로부터 곡의 사연과 함께 가슴 뭉클한 악보를 메일로 받았다! 13년이 흘러서~ 나에게로! 박건호 선생님의 유작으로 제니의 연가(임긍수 곡)를 천국 환송 예배에서 불러 드렸었는데⋯ 13년의 세월이 흘러 고인의 새 노래 〈내 사랑은 한순간의 꿈/ 박건호〉가 나왔네요. 하늘에서 들어주세요. 선생님!"—임청화

한국가곡방송의 '가곡 캔버스' 새로운 가곡 5곡 첫 발표, 명 대중가요 작사가 박건호 시인의 유작 〈내 사랑은 한순간의 꿈〉이 가곡으로 첫 발표됐다(2020.10.). 〈내 사랑은 한순간의 꿈〉/ 박건호 작시, 박경규 작곡, Sop. 임청화 영상은 시섬문인협회 카페에서 볼 수 있다.

열하나, 히트곡

위에 언급한 가수들 외에 박건호 작사곡으로 800 여 히트곡들이 있는데 지면상 몇 가수만 소개한다.

▶ 이수미 〈내 곁에 있어주〉는 TBC 최고 여자가수상, MBC 10대 가수상, 1974년 최고 인기가요상. 당대 최고의 스타로 올려놓았다.

▶ 장은아는 통기타 무명 가수로 활동하였는데 〈어떤 옛날에〉 박건호 작사곡으로 1977년 데뷔했고, 가수와 라디오 방송으로 주로 활동하다가 〈이 거리를 생각하세요〉 히트, 그만의 감수성과 서정적인 가수로 포크음악의 인기와 함께 크게 대중의 사랑을 받았다.

▶ 최진희 〈우린 너무 쉽게 헤어졌어요〉는 KBS '가요톱10' 연속 5주 1위 골든컵 수상. 1987년 이 곡이 수록된 앨범이 50만 장 이상 판매되면서 80년대 가요계를 주름잡았으며 〈사랑의 미로〉와 〈그대는 나의 인생〉 곡을 통해 스타로 등극하면서 1985년 KBS 10대 가수상, MBC 드라마 '물보라'의 주제가로 제21회 백상예술 대상에서 주제가상을 수상. 뉴질랜드 'ABU가요제' 금상을 수상하였다.

▶ 이자연 〈찰랑찰랑〉은 경쾌하고 발랄한 분위기의 곡으로 중독성 있는 후렴구는 한번 들으면 잊지 못할 정도이다. 그래서 관광버스, 노래교실, 라디오 등에서 쉼 없이 흘러나오면서 많은

사랑을 받았다. 이 곡은 결혼기념 선물로 받은 곡이라고 알려져 있는데 가장 큰 선물을 받은 것이 아닐까 싶다. 이자연은 박건호 선생을 기념하는 자리에서 "돌아가시기 3일 전 기러기 아빠들의 애환을 담은 노래를 만들고 싶다며 이야기를 나눴었는데 완성된 곡을 듣지 못하고 떠나셔서 가슴이 아프다"며 "따뜻한 마음과 함께 추진력과 열정은 그 누구보다 뜨거우셨던 분"이었다고 지난날을 회상했다.

▶ 최혜영 〈그것은 인생〉은 발표 후 '가요톱10'에서 5주 연속 1위 골든컵 수상. 1984년 KBS 여자 신인상 후보곡으로 라디오에서 가장 많이 방송된 노래 1위 차트에 올랐다. 최혜영이 대학가요제에 참가 3차 예선에서 탈락했지만 음반사 관계자들의 눈에 띄어 가수로 데뷔하게 되었다고 하는데, 〈그것은 인생〉을 받을 당시 작사가 박건호가 "너의 생각을 말해보라"라는 물음에 대학생이었던 그녀가 대답한 "너무 힘들다 가수 생활에 적응하기 쉽지 않다 인생이 뭔지 모르겠다"는 말에서 노랫말이 시작되었다고 했다.

▶ 김연자 〈아침의 나라에서〉 박건호 작사. 올림픽조직위원회 노래(1986). 올림픽 붐을 타고 매우 히트했다. 비교하자면, 2002년 FIFA 월드컵 당시 클론의 〈발로 차〉나 조수미의 〈챔피언〉에 비견되는 높은 지위의 노래다.

▶ 김종찬 〈사랑이 저만치 가네〉, 〈토요일은 밤이 좋아〉, 〈당신도 울고 있네요〉는 10대 가수상, 최고 인기가요상, 일간스포츠 골든디스크상, 신인가수상, '가요톱10' 1위 등 약 20여 개 부문에

서 수상한 바 있다.
- ▶ 심신 〈오직 하나뿐인 그대〉 KBS '가요톱10' 연속 5주 1위 골든컵 수상, MBC '인기가요' 8주 연속 1위, 음반 118만 장 판매를 기록했다.

기고를 마치며

"시는 예술이요, 노래는 인생"

한 시대를 풍미했던 그의 시와 노랫말은 노벨 문학상감이다. 원주가 낳은 국민작사가 박건호 시인을 기념하는 선양사업으로 원주시가 2022년 기부채납을 받아 '박건호기념관'을 건축하려는 계획으로 나온 조감도를 (사)박건호기념사업회 제4대 윤한중 이사장께서 필자에게 보여주었을 때, 희망과 기대에 부풀었다. 여러모로 지원을 아끼지 않는 원주시가 추진하여 '박건호기념관'을 속히 건립하기를 바란다. 박건호 서거 20주기(2027.12.9.)에는 원주시와 우리 시섬문인협회, 그리고 (사)박건호기념사업회가 함께 협력하여 '박건호기념관'에서 추모행사를 거행하고 그때 국민훈장을 추서하는 일도 추진하면 좋겠다.

아름다운 추억 22

아름다운 추억 22

*동인지 제22집 출판기념회 · 박건호문학상
(베토벤하우스, 2024.11.9.)

작은 음악회—K트리오, 김성운 · 강진양 교수, 권순호 원장

최정숙 시인의 축시 낭송

최영옥 시인의 축시 낭송

김진원 시인 박건호문학상 수상

김성운 고문 공로패 수여

축하 하모니카 연주하는 이창호 시인

축하 가곡 노래하는 김상경 시인

김소희 시인 감사패 수여

김영선 시인 감사패 수여

축하 케이크 자르기 (좌로부터 김순진, 강위덕, 한상철 고문, 김진원, 최미정, 김성운, 이창호, 김상경, (사)박건호기념사업회 정유아 총무이사)

시섬문인협회 스물한 번째 동인지 출판기념회 및 제7회 박건호문학상 시상식 단체 사진

*춘계 문학기행
(안중근 의사 기념관 외, 2025.4.20.)

안중근 의사 기념관에서
(좌로부터 김진원, 김상경, 이창선, 김성운, 이창호, 최영옥, 위형윤, 최경선, 최정숙, 최미정)

안중근 의사 기념관에서(좌로부터 최길호, 위형윤, 이창호, 최정숙, 최미정, 최영옥, 최경선, 이창선, 김성운, 김상경, 김진원)

남산공원에서(좌로부터 뒷줄 김상경, 최영옥, 이창선, 최정숙, 김성운, 앞줄 김진원, 위형윤, 최경선, 최미정, 이창호)

남산 꽃길에서(좌로부터 김진원, 이창선, 이창호, 최영옥, 최길호, 최정숙, 김상경, 최미정, 김성운, 위형윤)

장충단 공원에서

시섬 문우의 우정 다짐

*추계 문학기행
(서울 인사동·산촌, 2025.10.12.)

녹지광장, 서울도시 포토존에서

서울 종로 열린송현 꽃길에서

녹지광장, 서울도시건축전시관 앞에서

작품 감상(좌로부터 이창선, 최정숙, 박경희 시인, 최미정, 김진원, 황제연 전 KBS PD)

식사 후 티타임

인사동 인사아트센터 작품 감상